U0955996

上图 / 刘连元院士

下图 / 刘连元（前排左二）和大学同学在中国科学技术大学教学楼前合影留念

上图 / 中年时期的刘连元

下图 / 刘连元在办公室

上图 / 1979 年，刘连元（后排左一）与童秉刚（前排左一）、崔尔杰（后排左三）等气动防热专家合影
下图 / 1984 年，刘连元（后排左六）参加气动热力学专业组会议

上图 / 刘连元（左一）在试验现场

下图 / 2012年，刘连元（前排右三）参加中国工程院2011年当选院士培训班

上图 / 2012年，刘连元（前排右六）参加航天运输系统科学与技术前沿论坛

下图 / 闲暇时光

上图 / 尝试潜水

下图 / 自娱自乐

上图 / 刘连元与夫人甄淑芬合影

下图 / 刘连元夫妇与儿子、孙子在一起

上图 / 刘连元夫妇与女儿、外孙在一起

下图 / 刘连元七十大寿时与家人合影

# 刘连元院士传记

Academician Liu Lianyuan's Biography

《中国航天院士传记丛书》总编委会 组织编写

兰 川 著

中国宇航出版社
·北京·

**版权所有　侵权必究**

**图书在版编目(CIP)数据**

刘连元院士传记 / 兰川著 ;《中国航天院士传记丛书》总编委会组织编写. -- 北京 : 中国宇航出版社, 2018.12

(中国航天院士传记丛书)

ISBN 978-7-5159-1585-2

Ⅰ. ①刘…　Ⅱ. ①兰…　②中…　Ⅲ. ①刘连元—传记　Ⅳ. ①K826.16

中国版本图书馆 CIP 数据核字(2018)第 286247 号

**责任编辑**　黄　莘
**责任校对**　汪秀明　　　**装帧设计**　宇星文化

**出　版 发　行**　中国宇航出版社

**社　址**　北京市阜成路 8 号　**邮　编**　100830
(010)60286808　(010)68768548

**网　址**　www.caphbook.com

**经　销**　新华书店

**发行部**　(010)60286888　(010)68371900
(010)60286887　(010)60286804(传真)

**零售店**　读者服务部
(010)68371105

**承　印**　三河市君旺印务有限公司

**版　次**　2018 年 12 月第 1 版
2018 年 12 月第 1 次印刷

**规　格**　787×960

**开　本**　1/16

**印　张**　15.25　**彩　插**　8 面

**字　数**　215 千字

**书　号**　ISBN 978-7-5159-1585-2

**定　价**　58.00 元

本书如有印装质量问题，可与发行部联系调换

# 《中国航天院士传记丛书》
# 总编委会名单


## 编审委员会

**主　　任**　许达哲　高红卫

**副 主 任**　雷凡培　曹建国

**委　　员**　李金生　方向明　袁　洁　李　跃　包为民

## 编撰委员会

**总 主 编**　许达哲　高红卫

**副总主编**　李　跃　包为民

**委　　员**（按姓氏笔画排列）

于世元　马礼谦　王亚文　邓宁丰　朱芝松
朱忠元　任玉琨　孙玉斌　李　明　李　锋
陈学钏　张连成　周晓飞　侯　晓　贾　可
梁小虹　谭永华

## 总编委会办公室

**主　　任**　周晓飞　朱忠元　邓宁丰

**成　　员**（按姓氏笔画排列）

丁雅清　于　宁　于　希　王来成　李卫东
杨利伟　辛大广　张铁钧　范占英　唐　燕
徐　睿　戴品华

# 《刘连元院士传记》编审委员会名单


## 编审委员会

**主　任**　李明华

**副主任**　郝照平　鲁　宇　罗晓阳　王小军

**委　员**　曾　东　李小兵　郎德民　富大欣　吴宏斌
章小芳　王　伟　宋友光　王国辉　杨　洁
孔建平　李显峰

## 编审委员会办公室

**主　任**　孟　刚

**副主任**　杨　洁　陈　浩　水涌涛　张　巍　蒋先旺

**成　员**　安复兴　曾庆湘　童轶男　梁延洁　宋扬东
谢　雷　冯　杰　左　捷　陆志强　张利嵩
杨　驰　吕淮北　刘东方

# 序　一
# Preface I

中国航天事业自1956年创建以来，已经走过50多年的发展历程。在党中央、国务院、中央军委的亲切关怀和英明领导下，中国航天人团结一心、顽强拼搏、勇于创新、无私奉献，不仅取得了以“两弹一星”、载人航天工程和月球探测工程为代表的辉煌成就，孕育形成了航天传统精神、“两弹一星”精神和载人航天精神，也造就了一支技术精湛、作风优良的航天人才队伍。

航天系统的中国科学院院士和中国工程院院士就是这支队伍的杰出代表。中国航天科技集团公司和中国航天科工集团公司先后有50多位科学家和航天工程专家当选为两院院士。其中，有7位院士获得过“两弹一星”功勋奖章，2位院士获得过国家最高科学技术奖。他们不仅是航天成就的主要创造者，也是航天精神的重要孕育者和忠实践行者。

中国航天事业是在新中国成立不久，工业实力、科技实力、综合国力都很薄弱，帝国主义严密封锁，苏联撕毁协定、撤走专家的情况下发展起来的。以航天院士为代表的中国航天人，自力更生，艰苦奋斗，奋发图强，顽强拼搏，在一穷二白的基础上，独立自主地创建起了中国的航天事业。

航天型号研制是复杂的系统工程，涉及很多领域，需要众人参与，必须大力协同、集智攻关才能完成。以航天院士为代表的中国航天人，在航天工程研制实践中，齐心协力，密切配合，实现了一次又一次技术突破，铸造了一项又一项辉煌成就。他们为祖国的航天事业作出了巨大贡献，却淡泊名利，不计得失，将个人利益置之度外。

航天事业属于尖端技术领域，难度大、风险高、技术复杂，在发展历程中碰到过很多难题，经历过各种坎坷，甚至遭受过重大失利。以航天院士为代表的中国航天人，在困难和失败面前不动摇、不退缩，树立百折不挠、锲而不舍、脚踏实地、严谨务实的工作作风，不断攻坚克难、勇攀高峰，取得了一个又一个胜利，树立了一座又一座丰碑。

今天，在由航天大国向航天强国迈进的征程中，航天院士的科学思想、创新意识、坚定信念和爱国情怀是全体航天人宝贵的精神财富。中国航天科技集团公司和中国航天科工集团公司决定出版《中国航天院士传记丛书》，不仅是为了宣传航天院士的科研成就，总结航天院士的成长规律，更是为了传承航天院士的宝贵精神，使之生生不息、薪火相传，为“续航天梦、筑强军梦、圆中国梦”的伟大实践提供精神动力和思想源泉。

许达哲

2014 年 1 月

# 序　二
# Preface Ⅱ

中国航天事业创建半个多世纪以来，培养和塑造了一大批功勋卓著、德高望重的中国科学院院士和中国工程院院士。他们具有坚定的理想信念和强烈的爱国情怀，理论功底深厚，技术水平高超，善于引领科学发展和技术创新，在中国航天事业发展的关键时期发挥了重要作用，为中国航天事业取得辉煌成就、孕育航天精神作出了突出贡献。

为了全面、系统地总结航天院士的成长规律，把航天院士的科学思想和创新方法记录下来、传承下去，为中国航天事业积累精神财富，为航天强国建设提供有益借鉴，中国航天科技集团公司和中国航天科工集团公司研究决定，组织编写一套《中国航天院士传记丛书》（以下简称《丛书》）。

党的十八大描绘了坚持中国特色社会主义道路、全面建成小康社会、实现中华民族伟大复兴的宏伟蓝图，同时也为加强国防和军队现代化建设、推进我国由航天大国向航天强国迈进指明了方向。在中国航天事业“续航天梦、筑强军梦、圆中国梦”的新形势下，出版这套《丛书》，具有重大的现实意义和深远的历史意义。

记载航天历史。航天院士是中国航天事业的宝贵财富，他们的成长历程反映了航天事业的发展轨迹。这套《丛书》不仅是航天院士个人的传记，也从不同侧面记载了中国航天从技术到管理、从思想到精神的真实历史。

弘扬航天文化。宣传航天院士，就是站在科学的高度，向社会各界全面宣传航天事业，弘扬航天文化，使其成为中华民族文化宝库的重要组成部分，增强中华民族的自信心、自豪感和凝聚力，提升国家的软实力。

传承航天精神。航天精神是包括航天院士在内的几代航天人，在中国航天事业发展历程中，不断积累、提炼、传承而逐渐形成的，是民族精神、时代精神与航天实践相结合的产物，是中国航天事业之魂。《丛书》全面反映了航天院士的学术成就、科学作风和思想品格，有助于航天精神薪火相传。

培育航天人才。中国航天事业已经完成了新老交替，一代航天新人正在茁壮成长。《丛书》是泽被后世的人才工程，对于培育航天人才、发展航天事业、铸造新的辉煌将产生积极的促进作用。

总之，《丛书》是一套具有航天特色的爱国主义教材，是不可多得的精神食粮。相信这套《丛书》的出版发行，必将吸引更多的年轻人热爱航天、投身航天、奉献航天，以饱满的热情和昂扬的斗志再攀高峰，使中国航天事业后继有人，蓬勃发展，续写辉煌。

2014 年 1 月

# 目 录
# Contents

# 刘连元

刘连元院士传记

Academician Liu Lianyuan's Biography

第一章

# 少年聪慧 多方支持苦求学

出身贫寒，幼年丧母，早熟的刘连元为了帮父亲分忧，主动提出辍学。但校长慧眼识珠，多次登门劝学。在老师和亲属的帮助下，刘连元得以继续求学。

### 1. 祖辈定居西黄村

1941 年 9 月 2 日，刘连元出生在河北省大兴县（1958 年划归北京市）西黄村的一户贫苦农民家庭。西黄村是一个只有 100 来户的小村庄，建村历史不长，绝大多数村民是从山东以及河北其他地区逃荒到此谋生的，刘家便是从山东逃荒到此，并逐渐发展定居下来。

清朝末年，山东遭遇连年旱灾，庄稼绝收，田园荒芜，灾民纷纷外出逃荒。刘连元的曾祖父（姓名不详）带着家人从山东一路逃荒，到西黄村时在一处皇家窑厂找到了打零工的活儿，一家人才免去了风餐露宿之苦。窑厂监理见他能吃苦耐劳，干活手脚麻利，便把他留了下来。后来，刘家 3 个儿子也跟着父亲在窑厂做工，并逐步得到了监理的信任。窑厂废弃后，监理把窑厂的土地送给了刘家 3 兄弟，兄弟 3 人便在这块土地上筑屋开荒，定居下来。

因为是窑厂旧址，有窑洞、取土坑、灰坑、活动面等区域，所以土地并不平整，有的地方是斜坡，有的地方是大深坑，刘家兄弟便因地制宜，把斜坡开垦出来种粮食瓜果，在大坑里积水养鱼，种植芦苇。由于长期烧窑，土壤非常贫瘠，虽然他们都很勤劳，但地里的收成还是无法解决温饱，青黄不接时节，免不了要用糠菜度日。

西黄村邻近元、明、清三代的皇家苑囿南苑。南苑地处古永定河流域，地势低洼，地下水丰富，形成了几处比较大的水面，植物茂盛，水草丰美。元世祖忽必烈在此建起了小型猎场，后来，明成祖朱棣将它扩大数十倍，形成了燕京十景之一的“南囿秋风”。1900 年，八国联军入侵，将苑内建筑焚毁，皇家猎苑基本荒废。《辛丑条约》签订后，清政府背上了沉重的赔款负担。为填补国库亏空，政府开始出卖苑内土地，招人垦荒。西黄村的村民加入垦荒队伍，一锄头一铲子地将村子周边的荒地开垦出来，刘家兄弟的土地也因此有所增加，生活状况逐渐好转。

在西黄村定居多年后，刘家老大刘得山除了为生计奔波操心以外，还有个烦心事，就是娶妻多年都没有生育。眼看着两个弟弟的孩子接二连三地出生，而且大的都有十多岁了，刘得山真是心急如焚，茶饭不思。“不孝有三，无后为大”，在老辈人的观念里，传宗接代是每个中国家庭最重要的责任。两个弟弟见大哥长年无子，也替他着急，常常劝他过继一个孩子，长子总要延续香火。刘得山思来想去，终于选择过继三弟的小女儿刘义珍来抚养。女儿长大后，刘得山招赘了一个女婿，并给他改名刘义信。

刘义信也是个苦孩子，自幼父母双亡，未成年就跟着自家二哥在西红门一户地主家当长工，少不了挨打受骂，日子过得很艰苦。但他头脑灵活，性情稳重，在艰苦的环境里练就了一身干农活的好本事，成年后更是远近有名的好劳力。刘得山很欣赏这个年轻人，便托媒人去提亲。这年，刘义信已经 25 岁，一个“上无片瓦遮身，下无立锥之地”的长工要成家立业多不容易！所以，进了刘家之后，他尽心尽力为这个家操劳，恨不得使上一百二十分的力气。农忙时节，忙完家里的活，便到附近地主、富农家打短工补贴家用。他勤快，干活不惜力气，周围有需要的人家都乐意请他去做帮工。

在家里，刘义信对岳父、岳母打心眼儿里尊重、孝顺。他从小失去父母，就把岳父、岳母当成自己的亲生父母来看待。对比自己小十来岁的妻子更是关怀备至，宠爱有加。

刘义信虽不识字，但识数，总是琢磨怎么能多挣钱来改善家里的生活。他刚进刘家的时候，家里的几亩薄田已经典给了别人，只有一点儿苇塘可以出些芦苇，养点鱼过活，除此以外，他还得去西红门地主家做半个长工。后来老岳父年纪大了，他便不让岳父干重活，自己一人承担了家里的全部农活，还要到本村的地主或富农家打短工才能维持生计。

冬天农闲时节，他就进城走街串巷卖劈柴贴补家用。一般把大的木柴劈成一两厘米宽，十来厘米长的小木柴就是劈柴，用来引火。城里人烧煤，生火时要先在炉子里把一些劈柴点着了，等劈柴着旺了，再把煤架在劈柴上才能把煤点燃。卖劈柴是个很辛苦的营生。西黄村离北平城南永定门约有 20 公里路程，他常常半夜两三点出发，挑着两筐沉甸甸的劈柴赶路进城，走街串巷叫卖，中午卖完劈柴再买点棒子面返回，到家已是傍晚天擦黑的时候了。晚饭后还得劈出两筐劈柴以备第二天再卖。刘义珍见丈夫卖柴辛苦，便在干完家务事后先帮他劈出一些柴来备着，刘义信见了，总是叮嘱她不要干，说母亲年纪大了，身体又不好，家务事都靠她一个人操持，还得照顾父母，原本就很辛苦，再分出一些精力来帮他，自己过意不去。

这对年龄相差十来岁的夫妻就这么互敬、互爱、互助地过着虽然穷困但也幸福的生活，并且迎来了自己的第一个孩子。1941 年 9 月 2 日，这个小生命的降临给家里带来了莫大的欢乐，但遗憾的是，祖父刘得山没能亲眼看到自己的大孙子，就在孩子出生几个月前，他被驻扎在村里的日本兵活活打死了。

西黄村临近京郊南苑，民国时期南苑长期作为兵营，抗日战争前中国陆军第 29 军军部就设在南苑。1937 年卢沟桥事变后，29 军英勇抗敌的事迹深深感染了周围的群众。日军攻占北平后，也在南苑驻军布防，西黄村也有部队驻扎。日军在南苑修建军用机场，对周边实行高压统治，经常骚扰百姓，抢夺粮食，征召民工。在侵略者的淫威下，老百姓表面上服从，但憋着一肚子火，经常和日军发生零星摩擦，或者故意怠工。日军以胜利者自居，对老百姓颐指气使，稍不如意就拳打脚踢，村里好多人被日本兵打伤过，刘得山就是在劳动中动作稍微慢了点，就被一个日本兵用枪托活活打死了。

儿子的出世让刘义信想起了惨死的岳父，同时也让这个家庭看到了希望，所以，他怀着无比美好的愿望给这个孩子取名为“连生”（后改名“连元”），盼望他为刘家带来“新生”。

### 2. 启蒙教育悟性高

小连生虎头虎脑，一双明亮的大眼睛显得非常机灵，他性情乖巧，喜欢待在家里自己玩耍，从不像同龄孩子那样调皮捣蛋，所以深得长辈喜爱。

刘义信自幼家贫，没读过书，但对有文化的人很尊崇，喜欢和识文断字的人交朋友。村里有位名叫龙天增的老先生，龙先生虽然文化程度不高，但也认得几个字，还很会打算盘，在西黄村也算个文化人。他和刘义信的关系很好，没事的时候总爱上刘家串门，一待就是大半天。

有一天，龙爷爷来家里串门，正好家里刚摘了枣儿，母亲便端出来招待客人。龙爷爷来的次数多了，小连生便不认生，也爬上桌子去抓枣儿。龙爷爷便逗他："连生，识数不，你手里有几个枣儿呀？"连生低头一数，大胆地看着龙爷爷回答："有4个。"龙爷爷一看，没错，又给了他3个，问他现在有几个了，他又回答对了。龙爷爷见这孩子很有灵性，便问他："爷爷教你打算盘可好？"小连生不知"算盘"为何物，第二天，龙爷爷就拿了一个很大很结实的算盘送给他。从此，在别的孩子满地玩石子、刨小虫的时候，小连生便跟着龙爷爷系统地学习珠算了。

那个算盘通体黑漆，油光锃亮，它的框、梁和珠子都比普通算盘要大许多，很沉很结实，小孩子用起来不太方便，但小连生对那个又黑又大的算盘很感兴趣，虽然没有正式拜师学习，可他每天都会花很多时间去拨弄那些算盘珠子，别的小朋友邀他去玩儿他都不去。龙爷爷见他爱学，接受能力又很强，就更愿意教他了，除了教会他"九归九除"的基本算法，还教他如何丈量土地，如何计算木材。小小年纪，他就用学到的知识把自家的土地丈量了一遍。

龙爷爷不但教会了小连生珠算，还教他背《三字经》《百家姓》。连生记性好，虽然不认字，但背着双手，摇头晃脑地能把《三字经》和《百家姓》都背下来，在那个文化水平不高的小村子里，这就是数一数二的聪明孩子了。

本村还有位姓崔的大伯是单身，上过几年私塾，有点文化，积攒了一肚子的评书、掌故和趣事。冬天农闲时节，天黑得早，又没什么事儿，为了打发孤寂长夜，他便把炉子烧得旺旺的，吸引村里人去他那儿聊天。久而久之，村民们养成了一种习惯，没事儿的时候总爱上他家坐坐，他的小屋里总会聚集一屋子成年人听他说书，或者聊天。小连生还没上学时，就喜欢跟着大人去崔大伯家听大人们摆龙门阵（聊天）。冬天的夜晚，万籁俱寂，索然无味，只有崔大伯家的窗户透出来的淡淡灯光才能吸引小连生的兴趣，因为他知道，那里有英俊潇洒的小英雄罗成，有精忠报国的岳家子弟，有足智多谋的诸葛孔明……吃过晚饭，他总是早早地来到三奶奶家，候着义生叔叔忙完活后带他去崔大伯家听说书。《隋唐演义》《说岳全传》《三国演义》这些评书故事，通过崔大伯绘声绘色地讲述，在连生幼小的心灵里留下了深刻印象，小小年纪，他总幻想着自己将来也要做一个顶天立地的英雄，或者手持精良武器在两军阵前冲锋陷阵，或者摇着羽毛扇“运筹帷幄之中，决胜千里之外”。

父母虽然不识字，但他们乐观、热情、善良，自己家虽然算不上富裕，但只要别家有困难，刘义信夫妇都会尽力帮助他们。

刘家旁边有户崔姓人家，丈夫早亡，妻子又瞎了眼睛，孩子还小，生活非常困难。刘义信便主动带着崔家的儿子一起干活，帮着把他家的地也种了。刘义珍则常常叫崔家的孩子到家里吃饭，崔家妈妈过意不去，刘义珍却说：“多一个人就是多双筷子，没什么。”因此，崔家妈妈对小连生特别好，有点好吃的就让儿子带给他，连生经过她家时，她总要搂着爱抚一番。

快解放的时候，连生三爷爷不幸得了半身不遂，这个家庭顿时像天塌了一样。他家只有一个儿子，就是连生的小堂叔刘义生，他只比连生大七岁，还未成年。三爷爷的瘫痪导致家里失去了唯一的劳动力，往后的日子该怎么过，三奶奶愁得整天以泪洗面。正在这时，刘义信夫妇扛着一袋粮食进门了，他们安慰三奶奶："别担心，以后只要有我们一口吃的，就不会让你们饿着。"

从此，刘义信便带着两个未成年的孩子种着三家人的土地。从父母的言传身教中，小连生从小就懂得要关心别人、帮助别人。

1948 年，连生七岁了，到了上学的年龄，父亲便送他到村里的蒙馆去上学。这是村里几户比较富裕的人家合伙办的一个私塾，请了位老先生教孩子们学古文，村里其他人家交一点钱粮也可以送孩子去学习。老先生说"连生"这个名字和叔叔"义生"的"生"字重了，犯忌讳，便建议刘义信给孩子改个名儿，从此，刘连生的名字就改成了"刘连元"。

一年后，西黄村开办了新式小学，孩子们便都被送到那里去读书，因读了一年私塾，龙爷爷又一直在教他珠算，算术课跟得上，小连元便直接上了二年级，是班上年龄最小的孩子。

### 3. 穷人孩子早当家

刘连元两岁的时候，奶奶病逝，家里更加缺乏劳动力。后来，父母整天为了生计忙里忙外，他五六岁时就要帮忙照顾比他小三岁的妹妹。好在父亲刘义信很能干，干活又卖力，攒了一点本钱就做点小买卖，几年后还把典出去的庄稼地赎了回来，一家人的生活在父亲的苦心经营下逐渐好转，已经不必为吃饭发愁，粗粮能管饱，小孩子一整年都能吃上净米净面儿的细粮了。

西黄村地处古永定河流域，地势低洼、泉眼密布、水量充沛，在西黄村边上还有一条小河缓缓流过，刘连元的家就在小河边上，田地周围有一些荒滩，愿意开荒的人都可到那儿耕种。刘义信便年年开荒，到解放初期，他家的土地加上苇塘已经扩大到 22 亩。政府进行土地改革，开展减租减息运动，上交的粮食减少了，家里还买了一头小毛驴，生活过得越来越红火。

西黄村以“龙”姓居多，他们聚族而居，形成了成片的村落。其他姓氏像刘家这样的属于外来户，一般零零星星地住在村外，自家房子周围都被农田、水塘包围着，也许是环境使然，刘连元养成了好静的性格，不爱跟别的孩子一起上蹿下跳地疯玩儿，而是喜欢待在家里跟着父亲干点力所能及的事情。

秋天，成片的芦苇被秋风染成金黄，小连元便跟着父母跑前跑后地帮忙收割，把芦苇按大小分类，大的直接卖给人家编席子，小的不值钱，父亲便带着他把细小的芦苇打成两米来宽一绺的“苇箔”，人家买了去可以用于盖房顶。北方雨水少，以前农村的屋顶一般不铺瓦，而是在椽子、檩条上铺一层苇箔，再抹上泥就行了。所以，打好的苇箔比小芦苇更值钱。

小孩子看着父母干活会因为好奇而去帮忙，但一旦干上手了才发现干活并没有看上去那么好玩儿，反而非常辛苦，所以，许多事情都是干着干着就厌倦了，总是乘兴而去、扫兴而归。不过，也有例外，小连元一直喜欢干的活是家里买了驴车以后跟着父亲进城去卖菜。虽然去的时候因为车上要放菜，还得靠自己双脚走 20 公里路，但卖完后作为奖励，父亲会带他去天桥玩儿一趟，还能吃到非常好吃的扣饼①。

天桥在北京前门以南，永定门以北，以前有一座汉白玉石桥，桥下是由西向东的小河——龙须沟，古时这里是明清两代皇帝去天坛祭天的必经之路，所以得名“天桥”。解放前，许多江湖艺人在这里打把势卖艺，久而久之，就形成了颇具特色的平民市场。

在这里，小连元喜欢看热闹的耍猴儿，花样百出的抖空竹，技巧性很强的

①扣饼：老北京的一种风味小吃，用少许蔬菜将烙饼丝炒匀，再平摊在鸡蛋皮上用微火煨一分钟。外皮焦脆醇香，饼丝油润入味，鲜美无比。

耍中幡[①]。不过，他最喜欢的还是跟父亲去戏园子听戏，戏票虽然不贵，但在父亲看来还是一笔开销，所以不是每次都能去。小连元总是盼望着哪天的蔬菜行情好，或者努力地叫卖，早点把菜卖完，父亲一开心，就能带自己去戏园子看孙悟空大闹天宫了。

天有不测风云，这样无忧无虑的幸福时光没过多久，母亲就不幸染上了“肺结核”，这病在盘尼西林（青霉素）还很珍贵的时候是很难医治的，被人们称为“肺痨”。母亲生病后，小连元除了上学，最重要的事情就是跑去黄村镇上帮母亲请医生、抓药。镇里有位西医叫李伟，原先在傅作义的军队里当军医。1949年年初北平和平解放的时候，他所在的部队开出城外接受改编时，他就住在刘义信家，刘义信是个好客之人，没两天就和李医生熟识了。改编结束时，李伟选择了自动退伍，并且没回自己老家，而是留在黄村镇开了间小诊所。他那儿偶尔还能有当时非常珍贵的盘尼西林，但即便是熟人，药价也是非常昂贵的，刘义信都是好容易凑够了钱，才会请他给妻子打一针。这样，母亲的病就时好时坏地拖着，有时她晚上发病，小连元就得连夜跑去镇上请医生。十来岁的小孩子，独自走在黑黢黢的田间小路上，一棵树、一阵风都能让人产生可怕的联想，自己的脚步声也会当成有人在追着自己，心里免不了害怕。为了给自己壮胆，他就大声地唱歌，而且脚步越走越快，最后干脆奔跑起来，即使是寒冬腊月，当他跑到医生家时，也总是气喘吁吁、大汗淋漓。

### 4. 校长登门来劝学

刘连元上初小时的学校属于农村的“村小”，全校只有一位老师，姓陆，是一位接受过新式师范教育的年轻人。因为只有一位老师，学生又少，一个年级

---

①耍中幡：一种杂耍，中幡由竹竿制成，高约三丈（约10米），竿顶有红罗伞，伞下挂着一面绣字的标旗。艺人将竿子竖起托在手中，舞出许多花样。

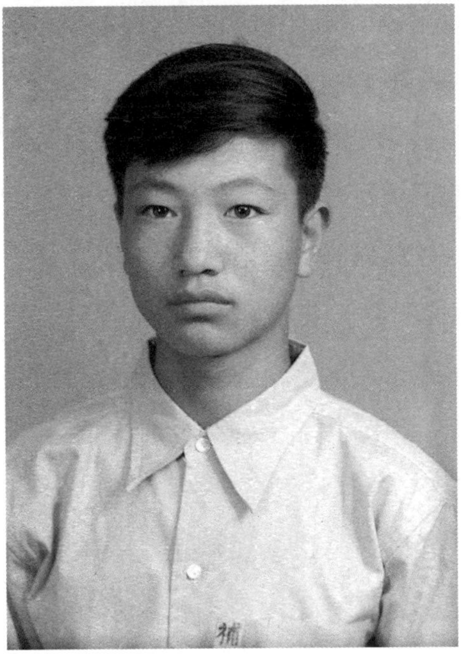

少年刘连元

还不到10个人，所以学校办的是“复式班”——几个年级的学生都在一个教室上课，老师教一个年级功课时，其他年级的孩子就写作业。小连元聪明好学，接受能力又强，常常不知不觉地就跟着高年级的学生一起听课，还抢着回答老师的提问。入学不久，陆老师就注意到了这个身子瘦瘦的、神情有些腼腆的小男孩儿。

他发现这孩子成绩很好，特别是算术，总比同班同学好一大截儿，大家碰到不会的题都喜欢问他。他下课时不爱和大家一起打打闹闹，喜欢自己一个人待着。有时陆老师问他在琢磨什么呢，他不是说在背珠算口诀，就是会提一些奇奇怪怪的问题，小脑瓜儿对什么都好奇。

小连元不但对世界充满好奇，还有点“一根筋”，堂叔堂哥们总喜欢逗他玩儿。有一次，义生叔叔拿了一颗独蒜对他说：“你看，这蒜圆圆的，跟别的蒜不一样，味道还很好吃，是甜的，你来一口？”说完还咬了一点儿，做出很享受的样子。三奶奶看见了，忙说："他蒙你呢，蒜都是辣的，别信他。"小连元看看叔叔，又看看三奶奶，琢磨了一下，伸手接过大蒜就是一口，顿时辣得眼泪直流，旁边的大人们看了都哈哈大笑起来，三奶奶连忙端了碗水给他漱口，一边摸摸他脸蛋儿笑道："怪不得他们叫你'傻子'，你还真'傻'！"这事儿之后，小连元知道了，凡事都要先试一试，不能想当然，也不能别人说什么就信什么。

小连元也有淘气的时候。陆老师教学很严格，他有一根教鞭，自习课上讲话、做小动作的孩子经常被他打手心。为了避免大家挨打，小连元琢磨了好几天，做了个小装置——用一根细绳拴个小铃铛，一头拴在窗棂上，然后沿着墙壁绕过教室门框上方直到黑板顶上各钉几个钉子，在钉子上套一截芦苇管当滑轮用，绳子就沿着钉子一直连到黑板上方，窗户口的同学远远地瞄到老师来了，一拉绳子，满教室的同学都能听到铃铛的声音，教室里顿时变得鸦雀无声。这个小装置没用多久就被陆老师发现了，大家都以为这回刘连元要挨打了。

因为刘连元成绩好，从未挨过打，班上调皮的孩子还等着看热闹呢，心想，这回他可要用上写字板护手了！那时纸张少，市面上专门为小学生准备了一种打磨得光光滑滑的练字用的小石板，方方正正，四周还用木头做个框子箍着。这种写字板可以重复使用，比买本子划得来，家长都会为孩子准备一个。这个小东西除了练字以外，同学们还有另一个用途，就是手掌心被老师打得火辣辣的时候，把手贴在冰冰凉的石板上就能好受点儿。可是陆老师只是把他叫到教室门外训了几句，并没有打他。

学校教珠算的时候，小连元更是表现出了与众不同的地方，算盘比老师打得还快。陆老师一问，才知道他早在上学前就学过了，便让他给其他同学做辅导。

弟弟出世以后，母亲生病了，刘义信一个人又要带孩子又要照顾大人，地里的活还不能耽误，实在忙不过来，便时常让连元请假在家帮忙做家务。陆老师知道后经常来家访，一方面劝刘义信克服困难，尽量不要耽误孩子的学习，另一方面给刘连元补功课，帮他把耽误的课程捡起来。小连元也很懂事，老师没来的时候，他便自己找同学解决自学过程中碰到的问题，询问老师的教学进度和布置的作业，及时把落下的功课补上。就这样，虽然经常请假，但刘连元从来没有耽误功课，学习成绩依然是班上数一数二的。

当时村里只有初小，四年级以后就得去六七个村子合办的高小上学。刘连元上高小时，学校在高米店，离家有两三公里远，途中要经过永定河决口冲出来的一段沙丘岗子地，冬、春季节，一刮风就飞沙走石，几步以外都看不清人，沙子打在脸上就像刀割一样。学校的条件很简陋，冬天教室里只能生炉子取暖，小学生年龄都小，不太会侍弄，常常烧不着，弄得满教室都是烟，熏得人眼泪直流。学校也没有食堂，中午只能从家里带点贴饼子、窝头就着咸菜疙瘩吃，那饼子、窝头都是纯粗粮做的，冷了以后就硬得跟石头一样，有的孩子不愿吃，干脆饿一顿。

这时母亲的病更重了，刘连元只得三天两头在家帮忙照顾。为了不落下功课，晚上，忙完家务以后，他还要在昏暗的煤油灯下学到很晚。母亲看到儿子成绩那么好，但因为自己的拖累不得不影响学习，心里很是愧疚，总是尽量创造条件为孩子做点力所能及的事情。为了给刘连元增加点营养，她还找到住在学校旁边的一个远房舅姥姥，让儿子在她家搭伙吃午饭，这就比啃干硬的窝窝头强多了。刘连元也没辜负母亲的苦心，虽然经常缺课，但他的成绩依然在班上名列前茅。

刘连元读的高小是在一座乡村小庙里，当时庙里泥塑的菩萨都还在，村民们还会进去烧香，不过好歹各年级都有自己独立的教室了。因为是庙里的房子，每间面积大小不一，学校就因陋就简地编班，大教室 40 多人，小教室 20 来人。为了提高学生们课余时间的学习效率，学校还鼓励学生放学后组成学习互助组一起学习。刘连元就和同村的几个同学组成学习互助组，轮流在各位同学的家里学习。村里没有电灯，他们就把墨水瓶的盖子钻个孔，灌上煤油，插入灯芯做成一个小小的土油灯来照明。就在这样昏暗的小油灯下，在低矮的小炕桌上，几个小伙伴结伴互相学习、共同进步。有时候作业较少，还有空余时间，小伙伴就拉着刘连元教他们珠算，于是，无论是在哪家学习，他总是把龙爷爷送他的那个黑黑的大算盘背着，这个算盘也成了他读中学之前最亲密的伙伴。

临近高小毕业，母亲的病情急剧恶化，李医生

少年时代，刘连元（后排右一）与父亲及弟弟妹妹在一起

说自己已经无能为力了，建议送到城里大医院救治。此时家里的驴车早已变卖支付母亲的医药费，父亲急忙借了辆板车，和连元一起把母亲送到城里的北京苏联红十字医院（后改名为北京友谊医院），医生诊断说需要住院治疗。但是，母亲生病这几年，医疗费已经把家庭拖垮了，父亲绞尽脑汁也想不出还能去哪家借得到这么昂贵的住院费，他在医院外面徘徊了半天，直到天黑医生下班了，才不得不拖着沉重的脚步把妻子往家里拉。刘连元知道这样对母亲来说意味着什么，他也同样知道这样的决定父亲下得有多么困难，懂事的他什么话都没说，只是一边悄悄抹着眼泪，一边在后面推着板车……

母亲的去世给刘连元的打击巨大，他不相信那个整天微笑着爱抚他的母亲就这样走了；他不相信那个善良的、经常帮助别人的母亲会这么年轻就被死神夺去生命；他不相信从此以后再也听不到母亲的温言细语了……这个本来就好静的男孩儿变得更加沉默了。母亲的丧事办完后，他也不去上学，经常坐在角落里，一待就是大半天。

刘义信虽然也沉浸在中年丧妻的巨大悲痛之中，但他是家里的顶梁柱，沉重的责任不允许他用太多的时间舔舐自己的伤口。几天以后，他把连元叫到身边，郑重地问他以后有什么打算。连元的回答表现出这个年龄少有的成熟：“我想好了，弟弟妹妹还小，我是长子，必须跟你一起分担家里的事情。以后我不上学了，在家帮忙干活吧。”

刘义信想到，妻子病重这半年，儿子几乎没去上学，大概也跟不上了，而且村里人的文化程度都不高，读完高小，能识文断字，也算得上是个“秀才”，再说家里确实需要帮手，就同意了儿子的决定。

如果从此辍学在家，刘连元的人生将是另一条轨迹。改变他命运的是高小的校长于作民。于校长教刘连元他们班的数学，一直看好这个好苗子，认定他有培养前途。知道刘连元准备辍学之后，于校长三次到他家劝他去参加初中升学考试。

第一次，刘义信说家里实在困难，需要儿子在家帮忙，拒绝了。

第二次，刘义信说为妻子治病已经欠了不少债，实在交不起以后上初中的学费，又拒绝了。

第三次，刘义信说儿子都半年没怎么上课了，去了也白去，一准考不上。于校长马上说孩子底子好，说不定能考上，再说只是去参加一次考试，考不上对家庭来说也没什么损失。这时，在一旁的堂叔们也说如果孩子考上了，他们再困难也会帮着连元交学费。终于，刘义信被说服了，表示只要儿子考上了初中，就让他继续读书，家里再困难也不耽误他的学业。

这时，离升学考试只有半个月的时间，而且全县初中学校没几所，招生极少，老师说可能一个学校只能考上两三个学生，所以刘连元觉得自己考上的可能性不大，也没怎么认真复习。升学考试结束后，他就把这事忘到了脑后，一心跟着父亲下地干活了。

没想到，一天下午，同村的一位同学告诉他，初中录取名单贴出来了，上面有他的名字。听到这个消息，一开始刘连元还不相信，直到于校长跑到家里告诉他们这个好消息，他才确信，这是真的！那一年，他们学校只有两名学生考上初中（班上有些同学是第二年大兴县初中扩招以后才考上的）。

刘连元考上初中，最高兴的恐怕还是于校长，他觉得，自己的苦心没有白费，没有看错这个品学兼优的好孩子。

# 刘连元

刘连元院士传记

Academician Liu Lianyuan's Biography

第二章

# 艰苦环境
# 历经磨难意志坚

艰苦的生活磨练了刘连元坚强的意志，由于家庭经济困难，上高中以后，学费难以为继，刘连元不得不利用寒暑假辛苦劳动，自己挣学费，才完成了高中学业。

**1.视如己出继母心**

1954年9月，刘连元进入大兴县第二中学学习，学校在青云店，校舍以前是当地一个大地主家的私宅。刚到学校，展现在刘连元眼前的是一个特别大的宅院，围墙都跟城墙一样，后面还有一个大操场。呵，这个学校可比小学气派多了！老师们有的戴着眼镜，夹着一摞书匆匆走过；有的穿着洗得雪白的衬衫，看上去很精神。看着眼前这些匆匆而过的老师，刘连元心想，以后自己如果能够走出西黄村，也能像这些老师一样，在这样的中学当老师就好了。

校园变大了，但条件依然很简陋，住校生们都睡上下两层的大通铺，每个孩子只有一床褥子那么宽的空间，床铺和对面墙壁之间只有窄窄的两尺（1尺≈0.33米）左右的通道，两人对面走过都得侧身。一间宿舍要住20多个孩子，每到不能经常开窗的冬春季节，宿舍里的空气便异常浑浊。

学校不提供统一伙食，学生们根据自家的经济条件进行选择。可以每月交3块钱在食堂搭伙；也可以周末回家带一周的干粮，学校帮忙热一下；如果学生自带粮食，学校也可以帮忙煮熟，但是不提供蔬菜，只能吃自己带的腌咸菜。

其实搭伙的伙食也不见得好，饭菜基本上就是窝窝头就白菜汤，或者窝窝头就萝卜汤。

学校离刘连元家有 18 公里，他只能住校，周末才能回去一次。十三岁的刘连元初次离家这么远，常常想家，每每还不到周末，心早就飞回西黄村了。不过，这种迫切想回家的心情很快就变得五味杂陈起来——一位陌生的妇女走进了他们兄妹的生活。

妻子去世后，村里人看刘义信又当爹又当妈地拉扯三个孩子太辛苦，就劝他续弦，他担心三个孩子受委屈，没同意。刘连元上初中住校后，忽然一个得力的帮手没有了，虽然女儿能搭把手，但毕竟是女孩子，年龄又小，里里外外还都得靠他一个人操持，常常是忙得了地里就顾不上家里，顾了家里，地里的活又耽误了，别提有多艰难了。万般无奈，在别人的劝说下，他只得给孩子们找个继母。

过了不久，就有人给他介绍了邻村一个叫王庆仿的妇女，她早年守寡，没有孩子，人很勤快，也很善良，只是年龄稍微大了点，比刘义信还年长 5 岁，已经 52 岁了。刘义信心想，也许年龄大点儿，更会心疼孩子。就这样，这个叫王庆仿的女人走进了刘家，成了三个孩子的母亲。

一个陌生的女人忽然成了自己的母亲，而且，这个女人跟自己心目中的母亲反差也太大了——母亲比父亲小十来岁，去世的时候才 30 多岁，在刘连元心里是那么年轻，那么美丽，而眼前这个女人满脸的皱纹，与自己又毫不相干，要把她当妈，真是很难接受！为了少和她见面，刘连元便借故学习紧张，周末也不回家，但是时间长了，又想弟弟妹妹，是回家还是不回家呢，心里很矛盾。

王庆仿自从进了刘家的门，便一心一意地跟着刘义信过日子，把三个孩子当作自己亲生的看待，有口吃的都先尽着孩子们，天一转凉便把冬衣早早地备下了，就连特别心疼三个孩子的三奶奶也挑不出她的毛病。王庆仿知道老大刘连元年龄稍微大点，感情很难转过来，便格外关注他，一到周末，就准备好他喜欢吃的东西，盼着他早点回来。一周不回，两周不回，三周还不回来，无奈之下，刘义信只好托人带口信，让刘连元周末回来一趟。

从学校回家有一段路可以坐火车，先从青云店走到魏善庄，坐一站地到黄村，再从黄村走回家可以少走 10 多公里路，车费只要 1 毛多钱。为了省下这 1 毛多钱，刘连元从不坐车，每每走到家时，天都已经黑了。

初冬时节，天上下起了雪。刘连元快走到村口时，远远地看到一个黑影撑着把伞站在路边，走近一看，是自己的继母。继母一看是他，高兴地跟他打招呼，他只是“嗯”了一声便不再说话，依然脚不沾地地往家赶，继母则在后面追着要帮他打伞。回到家，透过门里昏暗的煤油灯光，他才发现继母的雨伞上已经落了厚厚的一层雪——她已经在外面等候多时了。

进了家门，继母顾不上拍干净自己衣服上的雪花，就急急忙忙走进厨房，乒乒乓乓地忙碌起来，不一会儿，一盘热气腾腾的烙饼摊鸡蛋就端上了桌。好久没吃上白面了，看着那张油汪汪的烙饼摊鸡蛋，三个孩子都直流口水，最小的弟弟更是眼珠子都掉进去了似的。继母看了俩小的一眼，伸手各撕了一小片放到他们碗里，说道：“你们在家有吃的时候，哥哥在学校很难吃到这样的好东西，这些就是哥哥的了。”说完就把剩下的大半张烙饼都夹到刘连元的碗里。弟弟又看了一眼那张缺了一个小角的烙饼，嘟囔道：“每天都是窝窝头，哪里吃过烙饼了？”刘连元听罢，连忙把一多半烙饼都分给了弟弟妹妹。看着眼前这个情景，刘义信心里踏实多了，心想，自己给孩子们找的继母没有错，这间屋子，又重新有了家庭的温暖。

第二天上午，刘连元帮着父亲干了半天农活，午饭后便返回学校，继母背了一口袋棒子面跟在他身后去送他。刘连元几次让她回去，她都说：“我帮你多背一点路，你就少累一点。”一直走出两三公里路，刘连元坚持要她回去，她才停下脚步。刘连元接过棒子面刚要走，继母又把他叫住了，从衣服口袋里摸索出一个手绢儿包，把它一层层打开，里面是卷在一起的几张纸币。她把这几张纸币拿出来递给刘连元，说道：“下次回家坐一段火车。”刘连元不要，她坚持把钱塞到他的衣服口袋里才转身回去。

继母走远了，刘连元把那一小卷纸币拿出来展开一看，是一毛多零钱。

继母就是这样，进了刘家门，就无微不至地关怀着三个孩子，久而久之，她也赢得了三个孩子的尊重，不熟悉他们家情况的人，根本看不出他们不是亲生母子。

### 2. 初中生活开眼界

初中教育比小学要正规得多，有的老师还是北大、清华毕业的，师资力量很强。学校有大操场，也有一些简单的体育器材，体育课不再像小学那样瞎玩儿，开始学习打球、跳远、做体操等运动。除了文化科目以外，课程还增加了班会课，班主任会在班会课上宣传党的政策，进行思想政治教育。

刘连元小学时就喜欢数学，到初中又碰上了一位好老师，教数学的陈老师毕业于北大，讲课很有意思，他除了教课本上的内容，还给大家介绍中国历史上的数学大师取得的成就，如祖冲之发现的圆周率等。他经常告诫学生不要认为数学就是计算，他说数学是物理、天文等学科发展的基础，在课堂上经常穿插这些课外内容，鼓励大家把数学学好。陈老师讲课很有趣味，他会把鸡兔同笼等古代数学题的解题方法与现代数学结合起来，提高学生的学习兴趣。在陈老师这种生动有趣的教学方法熏陶下，刘连元对数学产生了更加浓厚的兴趣，成绩也很好。

陈老师还特别爱国，他在课堂上经常讲到中国太落后，有文化的人太少，落后就会受人欺负。他给大家讲甲午战争、抗日战争的历史，讲清政府割地赔款的屈辱，鼓励大家不要灰心，要努力学习，报效祖国。每每讲到这些，他总

刘连元（后排左一）与初中同学合影留念

刘连元（右）与同学在一起

会加一句：我知道你们都是穷孩子，有这样的学习机会不容易，一定要好好珍惜呀！

教语文的冯老师同时也教历史课，在讲课时会跟学生谈志向，介绍课外读物。比如中国的《红楼梦》《西游记》，苏联的《钢铁是怎样炼成的》《卓娅和舒拉的故事》等等。赶巧班上有个同学李阴昌的祖上是书香门第，家里有很多藏书，刘连元便从他那里借了许多课外书来读。

冯老师也教育学生，知识对国家、对个人都很重要，知识是改变命运的关键，即使当农民，有知识和没有知识都不一样，现在学好了知识，将来干什么都能用得着。

在老师的培养教育下，刘连元认识到中国还贫穷落后，国家要富强，要发展，需要大量的知识分子，自己这一代年轻人要肩负起国家富强的使命，努力学习，将来为祖国建设作贡献。

时间过得飞快，三年的初中生活即将结束。1957 年，刘连元初中毕业，面临高中升学考试。这是学生们在他们人生经历中即将面临的一道坎，因为不是每个人都有继续求学的机会。冯老师便教育学生们做好两手准备：考上了就努力学习，将来为祖国建设作更大贡献；考不上，回家务农也要做个先进青年。

大兴县当时隶属于河北省通县专区，全专区只有一所高中，而各县都有初中，有的县还不止一所，所以，高中升学率极低，只有百分之四左右。不过，河北省规定，高中升学考试可以全省通考，也就是说，学生可以自由选择到哪个地区去参加升学考试。通县专区南边的保定专区有好几所高中，升学率比通县专区要高一些，约百分之七。为了让学生多一点升学的机会，冯老师建议同学们到外地去考，机会更大。刘连元意识到这次考试很重要，是改变命运的关键一步，于是，他决定和班上十几个同学一起，去保定专区考高中。

全省通考并不是全省学生统一参加考试，而是有了报考的资格，至于考试还是各个学校自己组织，想考哪个学校，就得自己去那个学校参加考试，所以，决定去考保定专区的高中以后，十几个孩子带上简单的行李，挤上火车就往南去了。

第一站到涿县，这里有涿县一中，大家一合计，干脆在这儿考吧，离家也近一点。于是，十几个人下了车，打听到一中所在地，在边上找了家小旅店住下。这家店可以给旅客提供柴火和炊具，为了省钱，不舍得在店里吃饭，大家就自己买棒子面蒸窝窝头。

离学校的考试时间还有几天，住了两天，大家伙儿一观察，好家伙，周围全是从外地来的学生模样的人，别说百分之七了，恐怕比通县专区还难考呢，跑了半天不是白跑了吗？不行，还得走。大家一商量，又收拾好行李，挤上了南下的火车。

上了火车他们才发现，车厢里百分之八十的人都是学生，都在议论考高中的事儿。听说保定有三所高中，就有人决定去保定考。刘连元和其他三个同学认为，车上那么多人恐怕大部分都会去保定，保定也不保险，还不如一不做、二不休，再走远一点才踏实。再往南走，到了定县，那儿有一所河北省直属中学冀中四中，据说这个学校很不错，还不如去那儿。这样，十几个人便分成了两拨，一部分人在保定下了车，刘连元与其他三个同学则一路向南，一直到了定县。

他们原以为已经跑到最远的地方了，考试的人应该不会很多，没想到，张榜那天，校门口还是被挤得水泄不通。为了早点得到结果，学生们早早地就来等候了，刘连元他们四人也挤在人群里焦急地等待着。学校大门紧闭，时间也好像故意在捉弄人似的，越想让它跑快点，它却故意吊着你的胃口，拖拖拉拉地不肯往前走。好不容易等到大门打开，几个老师拿着一卷红纸，扛着梯子出来了。刚才还闹哄哄的人群顿时安静下来，大家屏住呼吸，睁大眼睛，伸长脖子，尽力往前张望。红榜是好多张连缀在一起的一卷长长的红纸，学生的名字竖着书写，两位老师站在梯子上，一边徐徐地展开红纸，一边往墙上贴。随着一个个名字慢慢出现，人群里东一处、西一处地爆发出阵阵欣喜的叫声。不一会儿，“刘连元”三个字出现了，站在一起的四个同学同时高兴地叫出声来，三位同学纷纷祝贺他，他也高兴地对他们说：“你们的名字肯定在后面。”四位同学便又目不转睛地盯着老师手上徐徐展开的红榜，希望还能一次次爆发出惊喜的喊声。但是，直到红榜全部打开，他们的名字都没有出现。看着三位同学沮丧的神情，刘连元心里也很不好受，便安慰他们说，可能是刚才没看仔细，漏掉了谁的名字呢，要不再仔仔细细地找一遍。于是，四个同学又仔仔细细地从头往后捋了一遍，还是没有他们的名字。

回到学校他们才知道，去保定的同学也只考上了一个。那年，他们班的成绩还算不错，全班 43 个同学，有 4 人考上了高中，达到了近百分之十的升学率。

### 3. 学费要靠自己挣

冀中四中直属河北省管辖，条件比大兴县第二中学好得多，有电、有自来水，教室和宿舍都是楼房，食品供应由省里直接下拨，粗细搭配，学生也能吃上大米和白面了。看到这些，刘连元心里暗暗高兴，心想，能坐在这样宽敞明亮的教室里读书，真是又迈上一个新台阶。

1958 年，刚上了半年高中，全国就掀起了“大跃进”的高潮，国家大力宣传超英赶美，跑步进入共产主义，提出钢产量要比 1957 年翻一番，达到 1070 万吨。冀中四中也毫不例外地加入了大炼钢铁的行列，组织学生到定县西边的阜平县采矿。老师学生们步行 60 公里到达阜平县山区，白天上山挑矿石，晚上就住在农民家里。农村办起了公共食堂，各家各户的锅啊铲的，都当废铁交公了，冀中四中的老师学生也和农民一样，都到公共食堂吃饭，也不用交钱。那一年，全国农业大丰收，公共食堂的伙食很好，雪白的白面蒸馒头就着猪肉炖白菜粉条，大家都敞开了吃，满怀幸福地享受着“共产主义”，豪情万丈地建设着社会主义。农民们天天热情高涨地炼钢炼铁去了，成熟的红薯烂在地里都没人去收，谁也不会想到，不到一年，饥饿会横扫中国大地。

人人都炼钢，没有技术，没有设备，不要紧，各地都推广一种叫“土法炼钢”的方法：在山上的梯田挖出宽一米、高两米的土洞，中间掏几个烟道，这就是“土高炉”，在里面架上铁箅子，在箅子上铺一层煤铺一层矿石，然后就没日没夜地烧。山上的梯田都变成了一排排的土高炉，每天晚上，高炉喷出的火焰把半边天都映红了，看上去非常壮观，也很振奋人心，在火光的映衬下，人们的脸上都洋溢着自豪的笑容，虽然挥汗如雨，但大家心情愉快。谁也不会想到，他们辛辛苦苦烧出来的矿石，只是变了一点点颜色，再送到定县去炼钢，却炼不出他们心目中的钢，只会烧成一坨坨没用的黑疙瘩。

“大跃进”中除了炼钢，学生们还到农村参加“深翻地”，各地农村交流“经验”，宣传“深翻地，产量高”。结果，学生们深翻地一直挖到齐脖子深，把土壤下的岩石层都挖出来了。深翻地还没有结束，刘连元又和其他三位同学被提前召回学校，参加校办工厂的劳动。校办工厂的带队老师是他们班的化学老师，一位从北大毕业的女老师。老师先带他们去北京玻璃厂参观学习，然后回来就自己动手生产玻璃纤维。刘连元看老师把玻璃球放在坩埚里，通上电，玻璃球就熔化了，还真拉出了玻璃丝。顿时，他对这位老师佩服至极，觉得北大毕业的老师真有学问，自己要好好跟她学习，学好知识建设祖国。正当大家信心百倍地投入玻璃丝的生产时，新的问题出现了——批量生产和用坩埚做实验完全是两回事，学校根本没有生产能力。然后又改变方向做土硫酸，衣服常常被硫酸腐蚀得左一个洞、右一个洞，硫酸倒是生产出来了，但因设备简陋，很难达到矿石燃烧需要的温度，常常熄火，这个项目也没有成功。

1958年大半年的时间就在各种不成功的劳动中度过了。这一年，冀中四中被下放到地方管辖，更名为定县一中，学生的生活待遇大不如前了，只能吃到玉米面窝窝头，不过还能吃饱。到了1959年，学校开始定量供应粮食，学生每人每月30斤，都是粗粮，还不一定是纯玉米面，有时要用红薯、胡萝卜代替，大家普遍吃不饱。刘连元在学校还算稍微有点保障，虽然吃不饱，但还不至于饿得很厉害，待在农村的父母和弟弟妹妹和全中国农民一样，深受"浮夸风"之害，各地都攀着比着宣扬自己夺了高产，其实收上来的粮食远远少于干部们夸下海口的数目，为了交上公粮，只好把农民自己留的口粮都上交了。继母想着法子尽量把公共食堂发的窝窝头"变"得多一点，把它掰碎了，加点从地里捡回来的菜帮子、干菜叶子、萝卜缨子一起煮，就这样，全家人还是连半饱都不能保证。

农村实行了公社化，各家各户的土地都归了公，农民们按照工分进行收入分配。继母年老挣不了工分，公社还不让农民自己干副业，全家的生活就靠父亲一个劳动力的工分过活，家里的经济顿时拮据起来。而这时，连最小的弟弟都读书了，父亲即使在生产队再卖力，也挣不出三个人的学费。妹妹的学习成绩一直很好，也不得不辍学。为了给父亲减轻负担，刘连元决定自己的学费自己挣。

自己挣学费，说起来容易做起来难。高中一个学期的学费是7块钱，加上伙食费和学习用品的花费，一个学生一个学期的花销需要二三十块钱。刘连元在学校申请到了3块钱助学金，所以，每到寒、暑假，他就得完成挣将近30块钱的任务，不然下学期的学费和伙食费就没有着落。

刘连元在天安门广场

20世纪50年代的中国打工的人很少，也没有市场，刷盘子、洗碗这种活儿根本找不到，只能到火车站去卖苦力扛货装车，或者去建筑工地当小工，干一些和泥、推砖等没有技术含量的力气活。刘连元很瘦，刚开始，人家一看是个学生模样的孩子，细胳膊细腿的肯定没力气，不想要。刘连元急了，咬着牙一口气把一大捆毛竹扛上了货车车厢，管事的看他还能吃苦，便收下了。

高中三年打工，最累的要算在农场背青玉米秸秆。西黄村边上有家养奶牛的国营农场，夏天的时候需要储备青玉米秸秆给奶牛做饲料。青玉米秸秆很沉，从田里背到农场是很累的，农场每年都要雇临时工干这活儿，背100斤能挣1毛钱，这活儿太累，周围的农民只要家里生活还过得去，一般不去干。打工的事情很难找，知道这活儿累，刘连元还得去干。每天天不亮就起来，一把砍刀一根绳子就是他的全部工具。到了地里，先是砍玉米秸秆，砍够一捆，就用绳子捆起来往农场背。每天要背1000斤、挣到1块钱他才会回去。干这么重的活儿，继母心疼他，本想给他多准备一些吃的，但那个年月，家里哪有什么吃的，绞尽脑汁也只能弄个贴饼子和一块咸菜给他带着，中午，他只能用凉水就着咸菜啃那块贴饼子。每次背完1000斤青玉米秸秆回到家，他都累得像一滩泥，倒头便睡。

高中离家太远，必须坐火车回去，为了节约路费，刘连元有两年连寒暑假都没回家，待在定县县城打工挣学费。班上有个同学安效云跟他很要好，有时会特意返校陪他住几天。一次暑假，他发现刘连元没去打工，而是躺在床上睡大觉。一问，才知道他病了，正发着高烧。安效云用手一摸他的额头——好烫！便对他说这样不行，还得去医院。刘连元却说下学期的学费还没挣出来呢，哪有钱去医院，只让他扶着自己去校医室拿点药。校医问了病情后，说都高烧几天了还不退，怕是伤寒，建议还是去医院看看。但刘连元坚持不去，只让校医开了点药回去。安效云见他病得这么厉害，便没有马上回家，留下来一直陪着他，每天给他端饭递水，用冷毛巾帮他退烧，一直照顾了他十多天高烧才退。如果没有安效云的照顾，刘连元真不知道自己怎么挺过那段时间。

### 4. 学好知识为祖国

轰轰烈烈的“大跃进”逐渐过去了，老师们从“大跃进”各种不成功的项目中总结出经验——建设国家需要知识，太落后干什么都不成。于是，学校大力宣传知识的重要性，教育学生安下心来好好读书。全国都流行一句话：“学好数理化，走遍天下都不怕。”要超英赶美，就需要数理化武装自己，依靠科学技术建设国家，走工业化道路，国家才能富强，民族才能昌盛。

重新回到课堂，刘连元一心扑在学习上，如饥似渴地吸取知识。这一时期，中国各方面都在向苏联老大哥学习，照搬苏联的经验，建设社会主义，学校开设了俄语课程。刘连元从小学起数学成绩就好，喜欢数理化，不太喜欢文科科目，不过，他学俄语学得很认真，因为老师说要学习苏联先进的科技知识，就必须首先学会他们的语言。

这期间，学校逐渐开展了思想政治教育。教育学生要坚信社会主义，对党忠诚。刘连元结合自己的经历，心想，要是没有助学金，没有国家在农村的普及教育，像自己这样家庭条件这么困难的孩子，能读到高中是不可能的，所以，对党、对毛主席，刘连元是发自内心的感恩，下定决心，一定要听党的话，好好学习，报效祖国。

三年的高中生活转眼就过去了，毕业即将来临，同学们除了紧张复习，积极准备高考以外，也会分出一部分心思来考虑上什么大学。刘连元来自农村，

1960年4月，刘连元（前排左二）与高中同学毕业合影

1960年7月，刘连元（前排右一）与高中同学合影

在学校又一心读书，所以，对什么学校都不了解，即便是清华、北大，在他脑子里都没有任何概念。因此，他从没想过自己要考哪所大学，只是想着把成绩考好。

填报志愿的时候，有位同学拿着留苏预备班的介绍材料来找他，约他一起报考。之前一直没想过何去何从的刘连元看到这个消息动心了，他想，如果能直接到苏联留学，就能更好地学习他们先进的科学知识，回来以后就能更好地报效祖国、建设祖国了。有了这个想法，心里还是没底，想找大人商量一下，自己父母对高等教育根本不了解，只能向老师咨询。班主任马老师分析了他的情况，说报考留苏预备班的话成绩应该不成问题，但是留学苏联的时间长，他家庭困难，又是家里的老大，父母可能更希望他早点毕业帮助家里。说完，马老师又拿出一份中国科学技术大学（以下简称科大）的招生简章向他推荐，说这所大学是培养尖端科学技术人才的学校，政审条件要求高，他家三代贫农，又没有什么复杂的社会关系，正好符合。马老师又说，这是中国科学院办的一所大学，有许多留学回国的顶尖科学家在学校任教，只要自己努力，也能学到先进的科技知识，为祖国建设作贡献。

听了马老师的话，刘连元又回想起自己放假回家时看到的家里的情况，基本上只能吃到棒子面菜粥，而且还是菜多棒子面少，为了照顾小弟弟，父母总是从牙缝里省出少得可怜的粮食给他吃，自己则因为饥饿，腿都浮肿了。想到这些，刘连元便听从老师的建议，义无反顾地报考了科大。

# 刘连元

刘连元院士传记

Academician Liu Lianyuan's Biography

第三章

# 大学寻梦
# 星际航行初入门

1960年，刘连元以优异成绩高中毕业，并顺利考入中国科学技术大学。他立志发奋学习，报效祖国，钱学森的《星际航行概论》为他开启了研究航天科技的大门。

**1. 感恩之情记在心**

高中三年的努力获得了回报，刘连元果真如愿以偿地考进了科大。收到录取通知书的那天，整个西黄村轰动了，他是村里第一个走出去的大学生，左邻右舍都来道喜，父母别提有多高兴了。

科大创建于 1958 年。当时，作为全国学术科研中心的中国科学院，虽拥有众多的高级科学人才，却急需补充优秀的后备力量，特别是国内新兴技术学科方面的尖端科技人才。而从高等学校分配的毕业生，在数量和研究方向上都难以满足需要。在这种情况下，利用中国科学院的自身优势，创办一所培养新兴、边缘、交叉学科尖端科技人才的新型大学，就成为中国科学院领导和许多科学家的共同期望。

这年春天，中科院力学研究所所长钱学森、副所长郭永怀等确定了力学研究所的研究方向，他们认为不能只依靠研究所里的几位海归专家，必须培养一批懂科学技术的学生。随即，钱学森向中科院院长郭沫若建议，成立星际航行学院。谁知，这个提议立即引起中科院各研究所的强烈反响，各所都表示自己也急需培养后备军。最后，中科院院务会议讨论结果是，干脆就办一所多学科的新型大学。

就这样，在不到半年的时间里，科大就获得中央批准，并且完成了从筹备到第一届新生入学的全过程，足见我国对科技人才需求的紧迫性。

科大建校之初，仿照苏联新西伯利亚大学的建校模式，该大学依托西伯利亚科学分院各研究所的师资和实验设备，培养研究所的后备人才。科大也依托中科院，采用“全院办校，所系结合”的培养模式，分头包干解决师资力量不足的问题，学校的教师绝大多数由中科院各研究所的专家兼职，并由钱学森、华罗庚、赵九章、郭永怀等中科院研究所所长、副所长兼任 13 个系的系主任，做到与中科院无缝对接。力学和力学工程系主任是力学所所长钱学森，应用数学和计算技术系主任是数学所所长华罗庚，原子核物理和原子核工程系主任是原子能所副所长赵忠尧。他们除了管理，还直接走上讲台为本科生授课。

大师播撒的种子必能茁壮成长。1959 年 3 月，这所大学建校不久便与清华、北大同列，成为首批全国重点高校。在办学理念上，科大也打破了苏联理工分离的弊病，建立“科教融合”“理实交融”的办学模式。可以这么说，走

科大教学楼

进这所大学，不仅能得到当时国内一流科学家的指导，而且还能打下扎实的理论基础，培养超强的实践能力。

刘连元是这所学校第三届学生，校内的基础设施建设已经初具规模。怀揣着录取通知书和对未来的希冀走进学校，他这个从西黄村走出来的农家孩子，见过的最气派的地方就是自己的高中，乍一走进大学校园，嚯，这么高的楼房，这么宽的马路，这么大的运动场……干净、整洁的学生宿舍里不再是通铺，而是上下两层的单人床，每人还有一张学习用的小桌子。看到这些，他感觉简直就像进了天堂一样！兴奋、激动的心情溢于言表，很快便和宿舍的同学熟稔了。

在开学典礼上，新生们第一次见到了校长郭沫若，并聆听了他的报告。郭沫若以苏联取得的成就

刘连元在大学校园

青年刘连元

为例，鼓励同学们自力更生、埋头苦干、学好功课，使尖端科学为生产建设服务。他勉励大家要敢于同国际先进的学术水平相比，树立雄心壮志，勇攀科学技术高峰。校长的教诲在刘连元心中掀起阵阵涟漪，他暗暗下定决心，一定要刻苦学习，努力掌握尖端科学技术，将来为祖国建设作贡献。

刘连元在中学时代一直担任班干部，有一定的组织能力，加之他待人热情，喜欢帮助别人，在入学不久的班委会选举中，他被同学们推选为班上的文体委员。

刚担任文体委员，他就接到了一个紧急任务——组织同学参加国庆游行训练。同学们听说要去天安门广场游行，接受国家领导人的检阅，都非常兴奋，训练起来格外积极认真。因为除了游行，学生们还要参加晚上的广场游园活动，就要提前排练集体舞，要求男同学和女同学手拉着手跳舞。刘连元在中学时虽然是男女同班，但和女同学手拉手却是没有过的，腼腆的他一开始觉得很别扭。

刘连元在天安门广场留影

这段时间，每天下午下课后都要到操场上去统一训练，作业只能推到晚上做。科大开设的基础课很多，老师要求又高，同学们常常要学到很晚才能完成任务。

终于到了 10 月 1 日这天，大家身穿统一的白衬衫和蓝裤子，排着整齐的队伍，挥舞着五颜六色的鲜花，朝气蓬勃地走过天安门广场。刘连元和绝大多数同学一样，是第一次参加天安门广场的国庆游行，激动的心情不言而喻。晚上的游园活动是一场各行各业、各族人民代表的大联欢，人们满怀激情，脸上洋溢着喜悦的笑容载歌载舞，整个广场就是一片欢乐的海洋。

游园活动结束后回到学校，刘连元心里久久不能平静，他躺在床上，睁着两只大眼睛浮想联翩，想到高中老师跟他们讲过的甲午海战、《辛丑条约》；想到 1949 年 10 月 1 日，也是在这个广场，毛主席庄严宣布：中华人民共和国成立了；想到建国不久，年轻的新中国就取得了抗美援朝战争的伟大胜利。想起这些，他心潮澎湃，由衷地感到，生活在新中国真是无比的自豪和幸福。

刘连元（后排右一）
与同学在天安门广场

这一年，全中国还没有走出饥饿的困境，也是刘连元家里最困难的时候，虽然儿子考上了大学，父母高兴，但依然拿不出钱来资助他，刘连元在学校全靠十二块五毛钱的助学金和两块钱的生活补助过日子，他总是量入为出，每月伙食费花十块多钱，剩下的用于购买笔墨纸张等文具。生活虽然清苦，但不用苦恼下个学期的学费还没有着落，也不必自己干苦力挣学费，这样的生活他已经很满意了。坐在宽敞明亮的教室里，回想起自己这些年的经历，从一个穷小子到上中学、读大学，如果没有共产党，这是不可想象的。如果说在初中以前，刘连元还有一点为家庭奋斗、要从农村走出去的想法，那么到了大学，这种思想完全被为了国家富强、为了民族自豪而努力奋斗的思想取代了。

大学一年级时，粮食供应紧张，在校学生的粮食也是定量供应，因为刘连元个子高，全班评粮食定量的时候给他定了 34 斤，在班上还算多的，但学校的伙食差，油水少，又没有其他辅食，这些粮食根本不够吃。但他想到家里弟弟妹妹都在饿肚子，每月总要省出一点粮票接济家里。

刘连元（前排左三）和同学们参加体育锻炼

这段时期，党中央非常关心科大师生，得知有师生出现了浮肿现象，立刻给每人发放一斤豆面补充营养；中科院组织到青海湖打鱼，到内蒙古打黄羊，并把部分猎物分配给科大师生；学校也想方设法，努力让学生们填饱肚子，把杨树叶之类的植物发酵做成“人造肉”当菜吃。这些关怀以及比中学优越得多的学习环境，对青年刘连元有着极大的触动，在这个从穷苦农村走出来的年轻人心里，播下了对祖国、对党感恩的种子。他常常想，如果大学不免学费，如果没有助学金，如果不给大学生提供生活补助，他这个穷孩子就会和大学失之交臂，他也就不可能走出西黄村那个小村庄了。想到这些，他学习起来就更刻苦、更用心了。

## 2. 初次触摸高科技

刘连元刚入学的时候在工程热物理系，1961 年，工程热物理系跟力学和力学工程系合并，更名为“近代力学系”，他被分到喷气动力热物理专业，主修火箭技术。这个专业开设的课程很多，刘连元最感兴趣的是由钱学森编写教材——《星际航行概论》的课程。这门课前两届学生都由钱学森亲自授课，到刘连元这一届，改为第一节课由钱学森亲自讲，后面由年轻教师用他的讲义给学生们授课。在这门课上，钱学森用深入浅出的方法把系统的航天工程讲明白了，从第一宇宙速度、第二宇宙速度到第三宇宙速度的星际航行，一步一步地给学生们展开了一幅幅丰富多彩的科学画卷。

钱学森把一些很深奥的理论用一种浅显的方式表达出来，但又有很深的知识，既让学生们产生兴趣，又能引导他们去做进一步的探索。既有深入浅出的生动讲述，又有系统深奥的理论知识，甚至展望了未来，如等离子发动机、原子发动机等。

刘连元（前排左二）与大学同学合影

在上这门课以前，刘连元对航天技术根本没有概念，真正让他知道航天、喜欢上航天的就是《星际航行概论》。在这里，刘连元学到了火箭发动机原理、运动方程，了解到了美国的航天工业发展历史和最新进展。刘连元对这门课程非常感兴趣，经常钻到里面难以自拔，碰到不懂的地方及时向老师请教。有的知识实在很深奥，比如里面提到卡门·钱公式，涉及到比较深奥的空气动力学知识，他还是不太理解，只能学个皮毛，但基本知识、基本运算，公式的推导，第一宇宙速度、第二宇宙速度等是怎么来的都能掌握。刘连元深深感受到科学研究实在太不容易，知识含量太大，特别是航天领域的研

刘连元（前排左二）与大学小组同学合影

究，是个复杂的系统工程，涉及多种学科，今后要在这方面有所建树，必须从现在开始努力学习，要像海绵吸水一样吸收各种知识，打下坚实基础。

科大办学之初就提出要“理工结合”，理科要和北大比，工科要和清华比，所以，学生的课业负担特别重，学校流传的一句顺口溜“穷清华，富北大，不要命的上科大”，可见一斑。在这样的氛围下，刘连元学到了扎实的基础知识，就连机械制图也堪比机械专业的学生。

### 3. 心里有了小秘密

高中同班同学中，有好几位考上了北京的大学，其中包括刘连元最好的朋友安效云和班上年龄最小的“小妹妹”甄淑芬，他们俩都考上了清华大学。国庆期间，同学们相约着聚会了一次，相互交换了地址。这次聚会以后，刘连元的心里时常会浮现出甄淑芬的身影，两个多月没见，这姑娘似乎长高了、长大了，不再是从前那个腼腆、话不多、一心只在书本上的小女孩儿了，而是变得落落大方，充满朝气和活力。

甄淑芬以前虽然性格内向，不声不响，但在班上却是备受关注，因为她聪

刘连元（后排左一）和在北方上大学的高中同学合影留念（前排右一为甄淑芬）

明，年龄是班上最小的，成绩却是年级里数一数二的，还在保定专区统考中取得过第一名的骄人成绩，同学们心里都很佩服她。

由于社会青年也可以报考高中，这时的高中生年龄悬殊很大，有的已经30多岁都当父亲了还在读书，像刘连元他们这些适龄的学生，学校比较重视，把他们编在一个班，加上女生不多，就把所有女生都编入这个班，因此，全年级其他班都是纯粹的男生天下，唯独刘连元他们这个班是男女同班。也许因为男女混搭能相互促进，或者因为年龄小更适合读书，刘连元他们班是全年级成绩最好的一个班，在学校也备受关注。

男女同班，又都处于朦胧的青春期，渐渐地，班上有人开始谈恋爱了。刘连元体格清瘦，相貌英俊，成绩又好，还是班委，身边经常有些女孩子有一搭没一搭地找他聊天，刘连元从不放在心上，他觉得，自己还小呢，应该把所有的心思都放在学习上。

甄淑芬小巧玲珑，又是令人瞩目的好学生，经常会成为男同学“照顾”的对象。高中“大跃进”时上山采矿，去农村翻地，总有男生帮她背包袱、扛行李，刘连元便是其中一个。刘连元心想，难道自己在高中时就关注她了？似乎没有，那时只是乐于助人，关心同学，自己不但帮她背包，也帮别的女同学扛过行李呀？想到这儿，他有些自我解嘲似的笑了笑。

过了几天，刘连元又翻出了聚会时大家留的地址，想了好久，终于决定给甄淑芬写封信。这封信他虽然琢磨了很久，但最后，内容还是很简单，只是介绍了一下自己入学一个多月的学习、生活情况。

把信投进邮筒的那一刻起，刘连元就盼着收到回信的日子。甄淑芬的回信终于来了，他抑制不住激动，但表面上却显得很平静，找了个没人的地方把信打开——内容也和自己写的差不多，介绍了清华大学的情况和入学后的生活。但是，这封简单的回信，刘连元一连看了好几遍。

从此以后，闲暇时的外出活动，清华大学就成了刘连元的首选，不过，理由都是去找自己最好的朋友安效云，“顺便”把甄淑芬约出来一起玩儿。没几次，刘连元的心思就被好朋友安效云看出来了，他便找各种理由提前离开，给他创造和甄淑芬独处的机会。

一二年级正值三年困难时期，粮食要定量供应，男生一般不够，甄淑芬便把自己节约下来的粮票拿来接济一些男同学，也会给刘连元。这在甄淑芬眼里只是顺理成章、举手之劳的小事，却让刘连元看到了她心里的美好和善良，更加深了对她的好感。

三年级的时候，科大高年级的学生宿舍和教室从永定路搬到了中关村，和清华大学只隔了几条马路，步行都能去了，刘连元去找甄淑芬的次数就更多了，还经常去她的宿舍，和她宿舍的同学都很熟。不过，甄淑芬依然一心只顾学习，心无旁骛，刘连元虽然自己有心思，却也没敢去捅破这层窗户纸，直到他大学毕业，都和她保持着“玩得挺好的高中同学”的关系。

刘连元（第二排左三）与大学全班同学合影

# 刘连元

刘连元院士传记

Academician Liu Lianyuan's Biography

第四章

# 跨出校门
# 成为航天后备军

刘连元大学毕业，开始投身航天事业。“文革”中，科技人员大多被下放农场，刘连元有幸继续从事科研工作，在处理各种问题过程中，锻炼了能力，积累了经验。

### 1. 毕业分配到南苑

时光飞逝，五年的大学生活转眼就要结束。1965 年初夏，刘连元临近分配，他和那个时代的大学生一样，心里想的都是党的需要、祖国的需要，向组织要求到祖国最艰苦、最困难的地方去，到别人不愿去的地方去，到最危险、最边远的地方去。因此，他心里想着，毕业后肯定就要到天涯海角去了，虽然会远离都市，但对将来的工作、生活，他依然怀着无比美好的憧憬。

大学毕业前夕，全班同学合影留念（第二排右一为刘连元）

刘连元（前排左二）
与大学同学在一起

刘连元（后排左二）与
大学同学在天坛公园

想着就要离开北京了，刘连元才忽然对这座城市眷恋起来，以前由于学习紧张，在这座有着悠久历史的古都生活了五年，却哪儿都没去看看，神秘的故宫、气势雄伟的长城、庄严肃穆的天坛，在他的记忆里都是一片空白。毕业了，想着自己就要奔向远方，就要离开这座城市，刘连元忽然心生眷恋，他留恋的不仅仅是这座城市，这座城市里的风景，还有这座城市里的一个人。

甄淑芬和刘连元是同一届大学生，但清华大学是六年制，她还有一年才毕业，想着从此就要天各一方，刘连元真想跑到她面前，把满心的话都向她诉说。现在，他已经不必用去看安效云的借口来接近甄淑芬了，但是，每当独自面对这位自己心仪的姑娘，刘连元还是不知如何表达，在他看来，这个一心扑在学习上的姑娘似乎心无旁骛，他害怕自己一旦捅破那层窗户纸，而人家姑娘却没有那种想法，以后连见她恐怕都难了。

思来想去，刘连元还是决定藏起这份心思，只是把甄淑芬约出来，和几个同学一起把想去的名胜古迹游了个遍，在他看来，能和自己心爱的姑娘徜徉在如画的风景里，那也是人生中一段特别美丽的回忆。

谁知，7 月初公布分配方案那天，刘连元意外地知道了自己分到的七机部第一研究院（以下简称一院）就在北京，而且，单位地址就在离家如此之近的南苑。

刘连元家离南苑只有 10 公里，小时候跟着父亲进城卖菜都会路过，听老辈们说，南苑从清朝末期就有驻军部队，所以留下了“三营门”“四营门”“六营门”这样与部队有关的地名。让刘连元没想到的是，自己从此就在南苑这片热土上扎下了根，亲身见证了中国航天事业的发展壮大。

南苑这片土地可谓与中国国防息息相关。

早在第二次鸦片战争之后，清廷普遍认为“外交之进退，视其兵之多寡强弱。以为衡强则公法所不能拘，弱则盟约所不能恃。”而“自强以练兵为先，练兵以火器为要”。为此，设立专门的练兵机构——神机营署。1873 年，在南苑庑殿至凉水河一带建立了神机营营盘及操练场。甲午战争之后，清廷再练新军，于 1898 年建立武卫军，成立了前、后、左、右、中五支武卫军，其中武卫中军驻守南苑。

晚清“练兵自强”，大致走的是“中体西用”的路数，西洋枪炮，旧法操练。长期主持练兵的荣禄认为，“夫用兵之道，全贵以长击短，以力胜巧。该夷等专以火器见长，枪炮较之中国所用者诚为精巧。今中国购自外洋及自用机器仿造者，以之剿捕内地盗贼则有余，以之与夷对垒则恐不足。即使制造如法，亦不过与之相等，决战时胜负尚不可知。……今宜仿照戚继光‘鸳鸯阵法’，挑选长大、强健、便捷步卒，以十人为棚，于十人中择一勇敢者为之长；十长中又择一人为百夫之长；百长中再择一人为千夫之冠。……使之专练藤牌长矛，大刀巨斧，务使跳走击刺，矫捷如飞鸟；摧撼冲突，迅烈如猛虎。临阵多设奇伏，奋身猱进，兵刃相接，则彼虽恃火器之精，将有措手不及之势。更以铁骑纵横轶荡，火器从旁掩袭，似可制胜。”在荣禄看来，靠洋枪洋炮，至多能与对方打个平手，制胜的要诀，依然要靠藤牌、刀矛、弓箭。

清廷墨守成规，虽然装备了洋枪洋炮，但用兵之法依旧，自然难成正果。八国联军入侵，耗费巨资创立的武卫中军，未经大战即溃败四散，不复成军。思想落后，即使用上了先进的器械，也摆脱不了被动挨打的局面，晚清的“练兵自强”之路未能成功。

南苑还曾建立亚洲第一所航校。“1910 年 8 月，清政府筹办航空事业，在南苑庑殿校阅场修建起简易飞机跑道和飞机修理棚。1911 年，留日归国的刘佐成、李宝焌在此试制飞机，留法飞行家秦国镛驾驶高德隆单座教练机做飞行表演，这是中国人首次驾驶飞机在自己的国土上空飞行。1913 年，秦国镛等人深虑无空军不足与列强抗衡，向袁世凯进言，北洋政府随即决定开办航空学校，校址设在北洋陆军第六镇营房以南，现南苑机场偏东，向欧洲国家借款 30 万元，购买 12 架法国高德隆 G4 型双翼教练机，建设校舍百余间，停机棚和飞机修理厂各一座，建成了中国第一个航空学校和飞机场。秦国镛被委任为南苑航校第一任校长，厉汝燕、潘世忠任飞行教官，潘世忠兼任飞机修理厂厂长。南苑航校不仅是中国的第一所航校，也是亚洲的第一所航校，多年之后日本才有正规的航校。

1913 年 9 月，南苑航校第一期招生 50 名，以飞行训练为主，飞机修理为辅。在教学的同时，飞机修理厂还尝试研制飞机，1914 年潘世忠主持设计制造出一架双翼飞机，厉汝燕设计制造了中国第一架水上飞机。除此之外，南苑航校师生还多次奉命参加军事行动，驾机深入河南、陕西、甘肃执行侦察、投弹任务，其军事运用几乎与一战时期欧洲国家同步。可惜的是，由于连年军阀混战，时局动荡，航校发展深受影响，到 1925 年第四期学员毕业后已难以为继，1928 年随着北洋政府的消亡，南苑航校被撤销，共计培养航空人才 167 名，其中飞行员 159 名。

新中国成立不久，南苑成为发展国防科技的热土。1957 年 11 月 16 日，国防部五院一分院成立，1958 年下半年进驻南苑，这里成为我国航天事业的发祥地。

作为一名航天新人，刘连元到一院报到，和其他新员工一起接受为期一个月的集训，进行保密教育和国防教育。在入职集训中他才知道，七机部的前身是国防部第五研究院，钱学森是首任院长。

1955 年钱学森回国后不久，访问了哈尔滨军事工程学院。他和先期从美国回来，已在该校任教的庄逢甘交流时说：“现在主要不是搞理论研究，而是要搞工程建设。没有工程建设，研究就是空的。”很快，受周恩来总理的委托，钱学森起草了《建立我国国防航空工业的意见书》，草拟了我国火箭事业发展规划。1956 年 10 月 8 日，国防部第五研究院成立。在成立大会上，聂荣臻副总理宣布：经中央军委批准，国防部第五研究院正式成立，由钱学森担任院长。

这时，中华人民共和国成立才几年，百废待兴，科研人员尤为缺乏。仅靠国内力量很难满足国防部五院对人才的需求。后经协商，苏联表示愿意从 1957 年新学期开始接收 50 名中国留学生改学导弹技术类专业。除接收留学生外，苏联还答应提供两发教学用 P-1 地地导弹样品给国防部五院。1956 年年底，这两发导弹运抵国防部五院。根据钱学森的指示，国防部五院决定将其中一发用作教学解剖，另一发则组织人员进行测试和测绘，以通过“反设计”来提升科研人员的导弹研制能力。

1958 年，国防部五院在第二个五年计划期间制定的研制工作规划中，提出了仿制 P-2 导弹（工程代号为“1059”）。1958 年 5 月 29 日，聂荣臻和黄克诚来到国防部五院正式下达了 P-2 导弹的仿制任务，钱学森当即向国防部五院全体人员宣布了具体工作安排，要求在 1959 年 10 月前完成 P-2 导弹的仿制工作，以便向国庆 10 周年献礼。

了解七机部的过去，知道自己所在的单位有这么光荣的历史，刘连元内心久久不能平静，不由得回想起我国第一颗原子弹爆炸试验成功的那一天。

1964 年 10 月 16 日晚上 10 点，中央人民广播电台播出了我国第一颗自主研制的原子弹爆炸试验成功的消息。听到这一特大喜讯，科大的学生们激动万分，奔走相告，大家激动得操起脸盆、茶缸、碗等使劲地敲，反正什么东西能发出声响就敲什么，有的人高兴得随手就把手边的东西往天上扔。一时间，整个校园沸腾了，大家欢呼雀跃，甚至相拥而泣。有的学生还跨上自行车骑向天安门广场，就是为了亲眼目睹当晚的《人民日报》号外。子夜，当第一张《人民日报》号外传回校园时，学生们都还没有入睡，纷纷抢着先睹为快，于是，大家便围在一起，由一位同学高声朗读："……中国核试验成功，是中国人民加强国防、保卫祖国的重大成就，也是中国人民对于保卫世界和平事业的重大贡献……中国政府郑重宣布，中国任何时候、任何情况下都不会首先使用核武器。"

科大的学生，从入学起就知道所学是为国防尖端科技服务的，现在，看到前辈作出了如此重大的贡献，而将来，自己也可能加入这支光荣的科技队伍，肩负重大而神圣的国防建设使命，这一晚，刘连元和很多学生一样都失眠了。

第二天，团支部组织学生讨论，大家都以能为国家国防事业作贡献而自豪，纷纷表示，为了完成这一神圣使命，愿意到边远山区去，到最艰苦的地方去，为祖国的强大、民族的昌盛奋斗终生。

没想到，如今，自己真的可以去探索星际航行的奥秘，在兴奋与自豪的同时，刘连元在心里默默下定决心：一定要好好干，绝不辜负祖国这些年对自己的培养！

国防部五院一分院成立于 1957 年 11 月 16 日，1958 年 4 月，国防部五院一分院成立北京宇航系统工程研究所，11 月，该所成立第四研究室（简称四室），负责再入飞行器研究设计工作。

1960 年 3 月，根据中央军委的决定，国防部五院大发展，4000 名大学生，2000 名中专生调入，四室相应得到充实。到刘连元入职的时候，四室已经发展到了 100 多人。

刚走出校园，生活好像立刻就给了刘连元这批年轻人一个下马威。在新员工保密教育中，他们第一次听说这里的工作是“上不能告父母，下不能告妻儿”的神秘事业。培训中，老师还特意讲了个小故事：往届分配来的新生中，有位青年职工在写家信的时候没注意保密问题，写了自己分到哪儿，是干什么的，结果立即被抓起来，并且马上开除了。听了这个故事，所有新员工心里一下就绷紧了一根弦——这个大院里的事情，啥也不能说。

刘连元心想，怪不得自己家近在咫尺，却一直对这个大院一无所知，看到挂在门口的牌子，还以为这个大院就是“首都机械厂”呢。于是，他便将错就错，告诉父母和弟弟弟妹妹自己在“首都机械厂”工作，问他在厂里干什么，他每次都用一句“什么都干”来搪塞他们。

培训结束，刘连元被分配到北京宇航系统工程研究所四室四组工作，四组虽然是个班组，但它的名称却叫“防热试验室”，是负责再入飞行器防热设计的。

上班第一天，组长汪瑞昌给他安排了两位老同事带着他先学习。两位老师非常热情，马上给他拿来一大叠技术报告和图纸。刘连元以为自己在学校学习成绩一直不错，看这些报告和图纸肯定不费劲，过不了几天就能直接干活了。谁知，看了资料他才发现，虽然自己的专业很对口，但学的毕竟是理论知识，都是原理性的内容，不涉及实际工作，书本上教过的好多方法都用不上。实际工作中碰到问题要现找方法来解决，技术还都是前人没干过的，并没有自己想象的那么容易。不过，刘连元是个不服输的人，越是难题，他越想钻进去，一门心思要掌握热防护技术，希望自己能够早日独当一面。

参加工作时的刘连元

从此，他白天晚上都扑在学习上，不是看资料，就是下车间观摩生产，或者去试验室了解试验情况。那段时间，他从没有晚上十点之前离开过办公室。他也不是特例，在一院这个大院里，几乎每一栋办公楼的晚上都是灯火通明，即使拖家带口的老员工也会经常加班到深夜。

**2. 新婚生活多甜蜜**

1966 年“文革”开始以后，因为观点不同，原本是一起工作的同事分成了两派群众组织，都说自己是革命的一方，你争我夺，互不相让。刚开始，刘连元和广大青年一样，认为“文化大革命”是响应毛主席的号召，是干革命，应该积极参与。因此，一说游行，两派都能立刻拉起一支规模庞大的队伍进城转一圈儿，一个晚上就能把标语口号贴到北京市的大街小巷。

渐渐地，刘连元感觉运动中的有些做法跟自己想象的革命不太一样。一次，两派的人都连夜去前门大街刷标语，因为争抢一个糨糊桶打了起来，双方都抡起了木棒、铁棍之类的“武器”。刘连元和几个同事一看，非常不理解，革命群众怎么会这样？他们标语也不刷了，赶紧跳上 20 路公交车逃到了北京站，也不敢回单位，在候车室里坐了一夜。第二天回到一院，才知道昨天晚上双方打得很厉害，吃亏的一方还拿着血衣去游行。这以后，刘连元再也不积极参加这些“革命”活动了。

在“以阶级斗争为纲”的错误思想指导下，广大知识分子被贴上了“臭老九”的标签。看到自己以前敬重的老领导、老专家不是被当成“走资派”靠边站，就是作为“走白专道路的典型”被批斗，刘连元联想起了“四清”时自己父亲的遭遇。父亲是个大字不识的老实农民，当生产队长时只知道带领社员们干活，从来不会多吃多占为自己捞好处，就是这样一个连“资本主义”是啥都不知道的人，也被当成“走资本主义道路”的对象批斗得够呛。他开始反思，“革命”是不是实事求是，斗争是不是就应该“你死我活”。有了这些思考，他参加运动的心渐渐凉了下来，还经常被同事批评“太保守”。

这时虽然是政治挂帅，生产秩序被打乱了，但是科技人员攻关的精神还在，只要一有任务，刚才还因观点不同辩论得面红耳赤的双方，拿起任务书就马上共同讨论、共同研究，因此，科研工作还是时断时续地往前推进。这期间，刘连元先后参加了两个型号的研制工作。

“文革”继续发展，在“打倒走资本主义道路的当权派”的口号中，群众组织全面夺权，领导干部“靠边站”，规章制度和科研生产管理体制在动乱中被破坏，科研工作处于瘫痪和半瘫痪状态。以后又发展到大规模武斗，两派各占一栋楼作为自己的“大本营”，分别组织“红卫兵”“红闯将”等敢死队，互相扔石头、打弹弓，并造成了严重后果。

此后，按照“知识分子下放接受‘再教育’”的部署，大批科研人员被下放到部队农场参加劳动，但刘连元因为是再入飞行器防热设计的主力，被留了下来。

科技人员下放军垦农场后，再入飞行器防热设计小组只剩下了为数不多的几个人，刘连元年纪轻轻的就什么都得干，做计算、出方案、跟生产，有不懂的地方就虚心向老同事、老工人请教，在处理各种问题的过程中，逐渐锻炼了能力，积累了经验。

刘连元参加工作以后，心里一直惦记着在清华大学的甄淑芬，几天没见面就想去一趟，但是，由于工作忙、离得远，交通又不方便，从南苑进城只有一路公交车，进了城还得转车去海淀，几个小时才能到，所以，虽然想着，也只能十天半月才去一次。

1966年“文革”爆发后，大学的正常学习受到冲击，课业负担没有了，大学生谈恋爱的便多了起来，这时便有男同学追求甄淑芬，她的好友也热情地帮她介绍对象。甄淑芬是个一心学习的女孩子，对这些追求者很烦，又不好非常生硬地拒绝，她便常约刘连元去清华玩儿，好让其他男孩子看到了主动退缩。刘连元正求之不得，加之一院也受到“文革”冲击，科研工作时断时续，他便有更多的时间往清华跑了。

毕业前夕，分配方案出来了，甄淑芬的去向是留校，并且被学校指定报考研究生。可是，这时的大学管理已经很混乱，老师被批斗，学生整天写大字报，开辩论会，学生分配的事情没人管，这一届毕业生只得滞留在学校。待在学校没人管，甄淑芬又对政治运动不热衷，批斗会能不参加便不去，有了许多空闲时间，这个心里只想着读书的女孩子也开始思考个人问题了。

和刘连元接触得越多，甄淑芬对他越有好感，觉得他人很实在，性情随和，又喜欢帮助别人，同学们有什么需要帮忙的事情都喜欢找他，这样的人作为终身伴侣应该没错。甄淑芬虽然心里这么想，但嘴上没有说破。

甄淑芬那一届大学生在学校等了一年多，终于等到政治运动稍微缓和一些，学校才又着手安排学生分配。对自己将来的去向，甄淑芬有两个愿望，要么是去科研院所做研究，要么就进科技含量高的工厂。这一次，甄淑芬如愿以偿地分到了七机部，但具体的工作单位是在二院。听到这个消息，刘连元心里犯嘀咕了，虽说是在一个城市，但毕竟离得远，交通又不方便，以后会给工作、生活带来诸多不便，如果能把她的分配去向调整到一院来就好了。可是，这只是自己一厢情愿，还不知道人家姑娘怎么想呢。于是，刘连元便试探地问："二院离一院太远了，我去找领导说说，把你调到一院来好吗？"没想到，甄淑芬毫不迟疑地同意了。这一刻，刘连元简直开心极了。

想是这么想，能实现吗？刘连元抱着试试看的态度，去找院干部处的领导说了自己和甄淑芬的关系，希望能把她调整到一院来。没想到，领导还真关心职工，不久，甄淑芬真的到了一院，而且也被院里分配到北京宇航系统工程研究所四室工作。

1968 年 5 月，两个情投意合的年轻人走到了一起，单位分配了一间小平房，两人把单身宿舍的物品搬到一起就算结婚了，小屋里只有单位配置的一张床和一张三屉书桌，连椅子都没有，只有两张上一个住户自己用木板钉的简易小板凳。他们也没想到选一个特别的日子，房间也没布置，连喜字都没贴，结婚那天还上着班呢，甄淑芬让在北京读书的妹妹帮忙买了几斤糖、几包烟，第二天拿到室里一

刘连元夫妇新婚不久合影

发，就算宣布结婚了。

虽然甄淑芬没要求什么，可刘连元心想，结婚了，总得给妻子置办点什么东西吧，便问她想要啥。甄淑芬想了想，刘连元家里困难，父母年纪大了，母亲还患有关节炎，长年需要服药，弟弟又在上学，他每月的工资有一半要资助家里，工作两三年了，自己也没买一件像样的衣服。她便说："干脆给你买身衣裳做个纪念吧。"刘连元马上反对："我说给你买呢，怎么变成给我买了？不行，还是给你买衣服吧。"两个人商量来商量去，最后决定两人都买。到了商场，甄淑芬选中了两套毛料衣服，可是，两人把所有的钱都掏出来了，还是不够，最后，只好买了一件男式上衣，一条女式裤子。

甄淑芬也是一个一心扑在工作上的人，两人都忙于工作，结婚以后很长一段时间自己没开伙，夫妻俩都在食堂吃饭。一个星期天，刘连元说："咱们试着自己做做饭吧。"于是，两人这才去万源路菜市场买了个小炉子和一口锅，你烧火，我掌勺，就在那间小平房里熬了一锅玉米面糊糊。喝着自己亲手煮的玉米面糊糊，两人都觉得：真好吃！

就这样，生活虽然清苦，但在那间小屋里，两个年轻人时不时会碰撞出甜蜜的火花。

刘连元夫妇早期生活照

刘连元院士传记

Academician Liu Lianyuan's Biography

# 刘连元

第五章

# 牛刀小试 方案设计第一次

刘连元在第一次做方案设计时遇到了小挫折，让他认识到：科学来不得半点马虎，遇事不能想当然。从此，科研上大胆猜测、小心求证贯穿了他的一生。

**1. 膨胀制冷新方案**

“文革”开始以后，虽然科研工作受到冲击，但型号设计工作并没有停止，这期间，刘连元跟着两位老同志学习烧蚀计算。在学习期间，组长交给他一个任务：参与一个攻关小组，为中程运载火箭选择一种制冷方案。

因为有效载荷非常“娇贵”，再入飞行器在运输、发射的过程中，温度低了要给它加热，温度高了要给它制冷。之前可借鉴的温控方案极少，研制队伍经过反复论证，认为采用电阻丝加热的方法还是可以的，比较好控制，但制冷方案太复杂，比较麻烦。因此，中程运载火箭需要选择一个新的制冷方案。

接到这个任务，刘连元非常高兴——终于从模拟学习过渡到亲身参与科研任务了！然而，压力也随之而来，他暗自下定决心，这是自己参与的第一项工作任务，可不能办砸了，一定要把它做好。

经过一番调研和琢磨，他认为可以利用空气膨胀制冷的原理来实现。因为，空气从高压转为低压，经过膨胀可以制冷。他把这个主意跟大家一说，大家都认为这只是理论知识，能不能实现还有待进一步探索。这样，小组成员便决定做个原理性试验验证一下。

试验地点就选在四室的防热试验室，那里有高压空气。刘连元根据书上的原理画出了试验装置的草图，他们自己设计了一个喷嘴，把喷嘴和一个减压器连接到高压管路上，前后两边都装上压力表检测压力变化，又用温度计测量温度。小组成员分工合作，刘连元负责压力测试。试验一开始，刘连元便目不转睛地盯着压力表看它的变化。奇怪，压力表的指针怎么晃了一下就一动不动了呢？他左看看，右拍拍，指针还是我行我素地待在原地，丝毫没有要移动的意思。这可是自己在单位第一次亲手做试验，忽然出了这样一个变故，刘连元顿时紧张起来，额头上渗出了细细的汗珠。

是试验设计有问题，还是试验装置出了故障？大家停下来查找原因。过了一会儿，一位老同志看出了问题所在：原来是刘连元把减压阀接反了，本来应该是低压的变成了高压，高压气流一下子就把那块低压压力表冲过了头。

知道自己第一次做试验就打坏了一块压力表，刘连元顿时羞愧无比，脸一下子红到了耳根。老同志马上安慰他说，不要紧，毕竟刚从学校出来，理论了解，但实际操作还有一个熟悉的过程。

同事们虽然没有责备他，但他自己非常自责，暗暗告诫自己，科学来不得半点马虎，遇事不能想当然，否则就会栽跟头。

知道是自己操作失误，刘连元马上向老同志请教减压阀的操作方法，换了块压力表又接着试验。

很快，原理性试验走通了，需要继续做地面模拟试验，看这个方案是否可行。于是，四室决定用模拟再入飞行器做一个地面降温试验。这个模拟试验比原理性试验更复杂，要求各种试验装置能够全部安装在小小的再入飞行器内腔，而且还能一边采集高压气体，一边进行降压膨胀制冷，产生的冷气还能对有效载荷降温。刘连元又是查阅资料，又是和小组里的老同志们充分沟通，大家开动脑筋，深入讨论，终于制定了试验方案。他们在再入飞行器里设计了一个环状扩压器，高压气体从哪儿进来，低压气体从哪儿出去，都进行了精心设计，使有限的气体能达到高效的降温作用。

正当刘连元积极准备这个地面模拟试验的时候，组长又给他分配了新的任务：参与远程运载火箭的防热设计工作。因为此时远程运载火箭的设计方案基本确定，开始转入初样研制阶段，而防热设计又是重中之重，设计队伍明显感觉人手不够，所以，组里便把刘连元调进了远程运载火箭的设计队伍。

膨胀制冷方案是刘连元亲手干的第一个设计方案，而且从方案到试验整个过程都快走完了，他很想参加最后的模拟试验，亲身体验一下试验的全过程，看看自己的推测是否和试验结果一致，所以，虽然离开了中程运载火箭研制小组，他还是一直关注着他们的模拟试验。

模拟试验终于进行了，整个试验进展非常顺利，试验结果表明：空气流量和之前预测的计算结果差不多，不但原理正确，方案可行，而且用气量、制冷效率都能达到设计要求。

听到这个消息，刘连元非常高兴，自己参加工作以后干的第一个项目终于圆满成功了！这天一下班，他马上找到甄淑芬说："今天不去食堂吃饭了，咱们自己动手，改善生活。"甄淑芬问他怎么啦，他却憋着不说，直到回了家才抑制不住兴奋，把这件事一股脑儿地说给她听。甄淑芬也由衷地为丈夫高兴，便让他一边歇着，自己掌勺犒劳犒劳他。刘连元哪里肯听，一直在妻子身边忙前忙后地协助，两个人在屋子一角的那只小炉子上捣鼓了好一阵子，终于做出了一锅打卤面。这就是两个年轻人“犒劳”自己的“丰盛晚餐”，虽然简单，但它是两个人在这么愉快的心情中亲手做出来的，顿时觉得喷香扑鼻，格外鲜美。

### 2. 初为人父遇两难

1969 年 2 月，一个小生命呱呱坠地了，儿子刘剑锋的出世，给那间简陋的小屋带来了别样的欢乐。第一次当父亲，刘连元既兴奋又紧张，双手笨拙地抱着那个细嫩柔软的小生命，都不知道应该如何呵护了，嘴巴一直合不拢，不是高兴地夸儿子这里怎么怎么样，那里如何如何，就是不停地问妻子自己抱孩子的姿势对不对，是不是应该喂奶了，什么时候要换尿布……

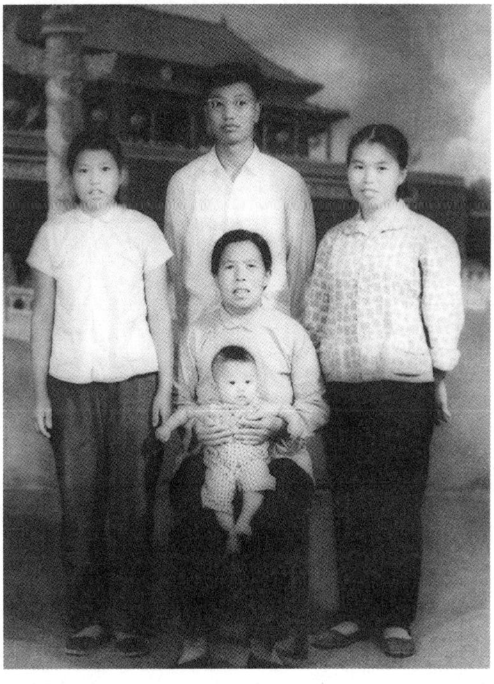

刘连元与岳母（前排坐者）、夫人（右）、妻妹（左）及儿子剑锋合影

兴奋劲儿还没过去呢，刘连元突然又接到了新任务：去云南做高温试验。

原来，中程运载火箭研究团队在研制中发现，膨胀制冷方案虽然比原来用冷气制冷的方案简单一些，但放在再入飞行器上还是比较复杂。因为，要用高压气体，是带高压气瓶还是带高压空气车，不好确定。再入飞行器内腔本来就小，有效载荷的安装都协调了很久才安排妥当，现在又要在里面铺设输气管，内部空间就更加捉襟见肘了。于是，型号队伍提出：能否取消制冷。

如果不要制冷，就得看有效载荷的抗热能力了。如果它在长时间阳光照射下能够运转正常，基本上就可以采纳不要制冷方案。于是，型号队伍马上同部队协商，决定做高温试验看个究竟。既然做的是高温试验，那就得选择最热的地方。型号队伍权衡了全国多个地方，认为云南地处高原，海拔高，环境复杂，如果有效载荷可以适应那里的自然条件，就能判断它的抗热能力也可以适应其他环境，便不需要制冷方案。

然而，这时的北京宇航系统工程研究所四室，由于大部分科研人员已经下放农场劳动，懂技术的人极其紧缺，领导只得又把刘连元临时抽调回中程运载火箭的研制队伍，去参加高温试验。

听说甄淑芬56天的产假都没休完，刘连元就要去云南做试验，而且还不知道要去多长时间，邻居们都开玩笑说他是“躲差”。其实，刘连元何尝不想在家里带孩子、照顾妻子？看到可爱的儿子都会对着自己笑了，他真是舍不得；看到年轻的妻子马上就要独自承担家庭的重担，他真是不忍心离开。可是，“我是一块砖，哪里需要哪里搬”的思想在他们夫妻俩的脑子里已经根深蒂固，谁也没想过向单位提出家庭的困难，只想着自己如何克服。

甄淑芬首先想到把自己妹妹接过来帮忙带孩子，这样，既能减轻自己的负担，又能免去丈夫的后顾之忧，可以专心致志去做试验了。对妻子的决定，刘连元很是感激。由于自己家庭困难，月月都要资助家里，妻子从没说过什么，反而经常提醒自己记着把钱给父母，而妻子的娘家却是经常问他们有没有困难，需不需要帮助。

就要离开家了，刘连元总想着要帮妻子再做点什么，想来想去，决定自己动手，暂时改善一下做饭的条件。以前他们就两个人，工作又忙，几乎天天在食堂解决伙食问题，偶尔做一次饭不觉得困难。现在有了儿子就不一样了，刘连元经常会给妻子做点好吃的补充营养，就感觉炉子放在屋子里实在不方便，炒个菜，煮点汤，满屋子都是油烟和蒸汽，做饭的气味很久都消散不了。

于是，刘连元东捡一点，西找一点，凑了些人家拆房子扔掉的破砖，把上面的水泥灰敲掉用来垒墙。去云南之前，他在自家的窗户底下搭了个小棚子，终于把那个做饭的炉子挪到屋子外面去了。别看就是一个只有窗台高的小棚子，解决不了多大问题，跟真正的厨房比起来简陋多了，但妻子甄淑芬非常高兴，她从中感觉到了丈夫对自己的体贴和关心。

在这个特殊年代，对爱情的表达不是花前月下的漫步，也不是手捧一束鲜花的告白，而是像他们这样，没有华丽的形式，没有迷人的氛围，有的只是体贴入微的细致，和实实在在的给予。然而，这种粗糙质朴的表达方式，不是每一个人都能做到和体会的，它需要心意相通的默契，需要你中有我、我中有你的和谐。

### 3. 高温试验在云南

这是刘连元第一次去基地参加试验，特别兴奋。以前只听老同事说过在基地做飞行试验的事，都不知道基地是啥模样，一路上，心里充满了期待。等到了基地一看，原来就是部队的一个临时驻地，睡的床都是大通铺，条件非常简陋。而且一到那儿就被告诫：附近有麻风村，麻风病是传染病，为了自身安全，平时不要随便走出营区。

这里地处低纬度高原，属季风气候，冬夏半年各受两种不同的大气环流影响。冬半年受北非及印度北部大陆干暖气流和北方南下的干冷气流影响，空气干燥温暖，降水量少，蒸发快，晴天多，日照充足。夏半年受印度洋西南暖湿气流和太平洋东南暖湿气流的影响，空气湿度大，降水量多，形成了冬暖夏热，冬春干旱风大，夏秋多雨湿润，干湿季明显，雨热同季的气候。

高温试验是检测再入飞行器在自然条件下 24 小时的温度变化情况，看内部的有效载荷会不会异常。当然为了安全起见，并没有填充有效载荷原料，而是用炸药代替，因为对温度最敏感的是炸药，如果炸药在再入飞行器内都没问题，就能说明有效载荷没问题。

部队选了一段偏僻的河滩，将其封闭起来作为试验场地。从基地到河滩开车要走一个多小时，刘连元他们每天早出晚归，把再入飞行器拉到河滩上让太阳晒，一小时测一次温度，中午的时候气温高，就 15 分钟测一次，记录温度变化的过程。

这里烈日当空，又潮又热，石头晒得都烫脚，再入飞行器的表面温度高达 60 多摄氏度，摸上去都烫手。试验现场是个河滩，没有遮阳的地方。太阳晒着再入飞行器，也晒着刘连元他们这些试验人员，不一会儿就口干舌燥、汗流浃背了。实在忍受不了的时候，他们只有跳到河里游泳才能缓解一下。比潮热更难受的是云南的大蚊子，号称“三个蚊子一盘菜，大腿还在盘子外”。到那儿的第一天，他们就领教了云南蚊子的厉害。当晚，部队招待的第一餐饭就是他们在桌上吃，蚊子在桌下吃，隔着裤子都咬得人满腿都是包，奇痒无比。没办法，刘连元他们只能用花露水来对付它们了，那段时间，几个大男人，满身都是花露水的味道。

这个试验要求记录 30 个工作日的温度数据，阴天还要排除。由于雨热同季，虽然炎热，但阴雨天也多，为了积累足够的试验数据，试验队一去就是两个多月，除了阴雨天不能出门，每天的活动就是晒太阳、测温度、做记录，然后继续晒太阳、测温度、做记录，枯燥无比，没两天就乏味了。为了打发无聊的时间，他们只有天南海北地聊天，刘连元时常说起儿子的事情，儿子的每一次啼哭、每一个笑容他都历历在目，真想马上飞回北京抱起儿子使劲地亲几口。

5月的云南，果子已经成熟了，部队有时会发一些芒果、荔枝等热带水果，每每吃着这些香甜的水果，刘连元就想，要是甄淑芬也在这里就好了，让她也尝一尝这些难得的热带水果。

难熬的高温试验终于结束了，回想起这两个多月的点点滴滴，刘连元忽然想到，这不仅是自己第一次参加型号试验、第一次去基地，而且还是第一次体验部队的生活、第一次出这么长时间的差，这在自己人生的历程中真是及其特殊的一笔。

此后不久，这发经过了高温、高海拔、公路运输、日晒雨淋等恶劣环境适应性试验的飞行器，在飞行试验中获得了成功。试验的成功，证明了有效载荷在自然条件下能够承受高温环境，飞行器能适应各种恶劣的自然条件，不需要对它进行降温处理，因此，不必使用膨胀制冷方案。

自己人生中的第一个设计方案，基本做成了，通过了试验考核，还配了系统，但定型的时候却没被采纳，刘连元多多少少有些遗憾。不过，这个结果却意义重大，对今后的各种型号都有借鉴作用，可以减少许多不必要的环节和设备，能够为再入飞行器让出更多的空间和重量，有利于型号研制的未来发展。想到这些，他又由衷地高兴起来。

# 刘连元

刘连元院士传记

Academician Liu Lianyuan's Biography

第六章

# 一波三折
# 再入飞行始练兵

第一次参加飞行试验，刘连元体会到了航天人的艰辛。“文革”中，型号研制工作被迫拖延，刘连元抓紧时间自学、研究有限元计算方法，并成功应用于型号研制。

**1.技术牵头小字辈**

随着航天事业的发展，国防部五院的试制生产能力急需加强，这个研究型单位由研究院向工业部门的转变势在必行，为此，中央决定以国防部五院为基础，从第三、第四、第五机械工业部及其他有关部门和省市抽调若干工厂和事业单位，组成第七机械工业部（简称七机部），统一管理导弹、火箭工业的科研、设计、试制生产和基本建设工作，并在1964年年底召开的第三届全国人民代表大会一次会议上通过了这项决议。此后，国防部五院一分院更名为七机部第一研究院（简称一院），建立了科研与生产相结合的管理体制。

这时，北京宇航系统工程研究所四室四组接到了参与研制我国第一个远程再入飞行器的任务，这项任务对再入飞行器的防热设计提出了更高的要求，因此，四组对远程再入飞行器的防热设计工作极其重视，组长汪瑞昌直接参与设计工作，该型号设计组也是四组负责的三个型号中组员人数最多的一个。刘连元专业对口，理论基础扎实，在前两年的工作中已崭露头角，所以，1968年年初，虽然他在人才济济的四组还属于“小字辈”，汪瑞昌也把他安排进了这个设计组。刘连元脑子灵活，喜欢钻研，肯下功夫，在设计组里很快脱颖而出，成了组里的骨干，负责防热设计的总方案。

由于射程的增加和打击目标性质的变化，远程再入飞行器研制有四大技术关键，其中防热问题位居首位。再入飞行器飞向太空以后要返回地面，由于速度非常快，进入大气层后，与空气高速摩擦，造成高温、高压等极其恶劣的热、力环境，从而产生极其复杂的物理现象。在这个过程中，再入飞行器将承受非常高的温度，如果防热措施不到位，很可能在空中就被烧毁或者局部被烧坏导致空中解体。

七机部副部长钱学森非常关注再入飞行器技术的发展，他来到北京宇航系统工程研究所四室了解工作进展，并对今后工作提出设想。在这一时期，钱学森就已经有了专门成立一个研究所的设想。

这一设想也与当时的“三线”建设思路合拍。20 世纪 60 年代初，除美国在南朝鲜、日本、中国台湾、菲律宾、南越等地建立军事基地，对我国大陆东部和东南部沿海地区构成了严重的威胁外，苏联在我国北部和西北部千里边界线上陈兵百万，使我国的东北、内蒙古等原属于大后方的地区也变成了战备前沿。这样一来，不仅是东南沿海地区和东北地区，连北京以及整个华北地区的安全都遭受到了空前的威胁。为了安全起见，中央决定国防工业要逐步往内地偏远山区搬迁，这就是规模浩大的“三线”建设。响应中央号召，一院做出了相应部署，准备将一些单位的某些部门迁往三线后合并成立一个研究所。

由于三线建设地点最终选定四川腹地，山高沟险，人烟稀少，又远离铁路干线，交通不便，大批建设、生活物资只能依靠汽车转运。这种极端困难的自然条件使本来就因数次迁址拖延的工期更加延迟了。加之“文革”不断深入，严重破坏了正常的生产秩序，建设工作不得不时断时续，成立研究所的事情就慢慢搁置下来。

转眼到了 1970 年 8 月，国防科委组织国防工业相关单位在北京召开计划会议，制定1971年科研、生产、基建计划和“四五”计划设想，在这次会议上，成立研究所的事情又被提了出来，并且写进了上报中央政治局的工作简报。

1971年1月8日，一院党的核心小组指示，在北京宇航系统工程研究所四室的基础上筹备成立一个研究所。

研究所成立后，刘连元所在的北京宇航系统工程研究所四室四组被编入了研究所总体与防热设计室，更名为防热设计工程组。由于大部分科研人员都被下放军垦农场劳动，原四组组长汪瑞昌也在农场没回来，所里便把原北京宇航系统工程研究所四室一组副组长调到防热设计工程组担任组长。这时参与远程再入飞行器防热设计的主要有三个人：刘连元和组里另外两位设计员。经接触，组长发现刘连元思维缜密，脑子灵活，专业又很对口，便仍旧安排他承担远程再入飞行器防热设计的主要工作。这样，在远程再入飞行器防热设计这个小组中，刘连元相当于是小组长，负责技术牵头工作。

### 2. 多事之秋遇首飞

在远程再入飞行器研制之初，一院遭受数次重要飞行试验失败，这给研制队伍带来了空前的压力，设计员们都感受到了紧张和压抑的气氛。就是在这种情况下，远程再入飞行器设计人员迎来了检验他们工作的时刻——首次飞行试验。

接到去基地参加飞行试验的任务，刘连元很激动，这几年的工作终于到了被检验的时候了，但是想到家里的情况，他又犯难了：这时家里已经有了两个孩子，儿子小剑锋才两岁多，女儿刘芳还不满一岁，把两个小不点都丢给甄淑芬一个人，着实有些为难。

甄淑芬见丈夫面有难色，便对他说，去基地执行飞行试验任务是非常光荣的事情，家里就是再困难，自己也会支持他的，实在不放心，她还可以让自己的妹妹来帮忙。当初老大出生不到两个月，刘连元就去云南出差，一去就是两个多月，甄淑芬便让自己妹妹过来帮忙。看到妻子大包大揽地承担起家庭的重担，刘连元又敬重、又心疼，为了帮妻子减轻点负担，他便和她商量，把老大送回西黄村让自己父母帮忙照看一阵子。

远程再入飞行器试验队从北京出发奔赴西北试验基地，这已经不是刘连元第一次去基地了，好奇、兴奋的心情没有了，取而代之的是感到责任重大的紧张和担心失败的压抑。在去基地的火车上，他很少说话，也没有心情欣赏沿途的风景，多数时间他都是沉默着，好像什么都不想，又似乎在一页一页翻查着这两年的工作记忆。他要去的地方是落区，处于沙漠腹地，交通不便，不通火车，要换乘汽车。基地的条件非常艰苦，部队派来接他们的汽车都是拉货的大卡车，车上连座位都没有，大家有的席地而坐，有的坐在行李上、装粮食的麻袋上。这 500 多公里的路程还有相当一段没有柏油马路，都是战士们一次次进进出出用车轮硬在戈壁上压出来的野路，戈壁又硬，石头又多，车轮反复碾压形成了一棱一棱的车辙，就像搓板一样，大家形象地把这些路叫做“搓板路”。汽车在这种路上行进，始终处于蹦蹦跳跳的颠簸状态，一路下来，身子都要被颠散架了，经常晕车，呕吐不止。

戈壁滩上昼夜温差特别大，6 月里，大中午时烈日当空，地面上都能把鸡蛋晒熟，大卡车上又闷又热。到了晚上，气温骤降，车上只有个顶棚，四面透风，穿上外套也挡不住寒冷。大风不断地把地上的沙土吹起来打在身上，到了基地，一个个蓬头垢面，都看不出人样儿了，就连嘴里都满是沙子。就是这样，试验队员们依然士气高涨，谁也不说苦、不叫累，一到驻地就忙着卸车，搬运设备。在他们心里，除了工作，还是工作。

试验准备期间，试验队和基地部队住在一起，和战士们同吃同住。部队有两个食堂，一个干部食堂，一个战士食堂。干部食堂一天的伙食费是 1 斤粮票、5 毛钱，每餐有荤素搭配几个菜；战士食堂要便宜一些，只需要 1 斤粮票、3 毛钱，只有一两个菜。试验队员们既可以在干部食堂吃饭，也可以去战士食堂吃饭。当时设计员一个月的工资有 50 多块钱，出差伙食补助每天还有 8 毛钱，足够去干部食堂吃饭的，但是为了节约，大家总爱去战士食堂吃饭。

闲暇时，大家也出去逛逛。落区所在地虽是一个地级市，但还没有内地的小县城繁华，只有一条大街，离营区有三四公里，没有交通工具，大家都走着去。出营门走一个多小时的小路，穿过一个维吾尔族同胞的小村庄，才能上大马路，沿马路再走一两公里才到主街上。街上也没什么地方可逛，每次去就是到建设兵团的一个百货商场转转，算是打发寂寞时光了。

远程再入飞行器发射首区还在做发射前期准备的时候，部队要打两发训练弹，便组织落区的试验队员去看发射。

从基地到落区观测点还有 4 个多小时的路程，在发射之前就要提前住进去做观测准备。乘大卡车从基地出发，沿着一条小河边的“搓板路”往上游走，一路上都是发大水时冲出来的大坑，车子只能在坑边绕来绕去，随车的战士说因为路经常被水冲毁，上次还是平的，这次就是坑了，每次走的路线都不一样。好在大方向知道，经常走，也不会迷路。大家坐在车上被颠得晕晕乎乎的，就埋怨路太不好。战士却说，颠一下倒没什么，就怕翻车，坑太多，又赶时间，稍一疏忽就会翻车。这条路沿途没有村落，来往的人又少，只有基地的车在路上跑，车翻了，根本碰不到别的人，只能在原地干等着基地派人来救援，有时一等就是一天。

听战士这么说，大家都安静了，心里不免惴惴的。放眼望去，视线所及没有一点庄稼，全是黄褐色的沙子和石块，只有稀稀拉拉东一丛、西一丛长着一些骆驼刺还泛出些许暗淡的绿色，才让人感觉到一点点生命的气息。刘连元来自华北平原，看惯了一望无际绿油油的小麦和玉米，以及在田间地头劳作的农民和嬉戏的孩子，忽然置身于这样苍茫荒凉的环境，心里不由得泛起一股莫名的压抑和孤独，很想和人说说话，但又不知道该说些什么。

走到河快要消失的地方，战士说这就到了。观测点的驻地在一个小山包里，平时只有少数战士驻扎，没有营房，只有一排"地窨子"（半截在地下，半截在地上的半地下室）。这种"房子"就是在地上挖个坑，上面用干打垒筑一截矮墙，顶上用木头搭个棚，棚上再盖一层土。从上面看都是土，一眼瞧过去还真不知道这是人住的地方。因为是半地下，门前是个斜坡，门很矮，人得钻进去，里面也不高，个子高点的人都能碰到顶上的木头。因为是简易房，就地取材，用作屋顶的材料也不齐整，导致一些地方因材料不够而往下凹，还不及一人高，都得弯腰过去。

屋内的设施也极其简陋，地上铺些干草，前边用一根大木头一挡就是"床"，一床褥子、一床被子就是一个人的铺位，一个挨着一个铺过去，睡觉翻个身都要压着别人。床铺与对面墙之间有个窄窄的通道，挨个摆放着每人的脸盆、茶缸，墙上挂一个军用水壶，这就是每个人的全部生活用品。这里没有电，只能用柴油发电机临时发电，但多数时候是不发电的，只能点蜡烛和煤油灯，试验队员们来到这里，生活仿佛一下倒退了几十年。

生活清苦还在其次，最苦的是缺水。小山包里只有一小股山泉，水量小得连做饭都不够，用水还得靠汽车从基地往这边拉，每天都是定量供应。因为试验队员是“客人”，还算特殊照顾，一天有一脸盆水，除去喝的，只有半盆用于洗漱，新水不来，旧水都不敢倒掉，不然连洗手都没水了。

观测点离驻地还有一段距离，在发射前3小时就要提前进去做观测准备。弹着区设在两山之间，两边是光秃秃的山，中间是纵向几十公里、横向十几公里的开阔地带，观测点就设在两边的山上。试验队员们跟着搜索队出发，提前1小时进入观测点。

刘连元上次去基地是做高温试验，没亲历过飞行试验，这是第一次，心里非常激动，无线电传来“3分钟准备”时，他便目不转睛地盯着东边的天际，生怕错过了那激动人心的时刻。

不一会儿，东边的天空出现了颗“流星”，一闪一闪的，老同志说那就是了。果然，那颗“星星”越来越大，成了一团火光，突然又从那个火光中窜出来一个更加明亮的泛着白光的亮点，正对着头顶冲过来，顿觉头皮发麻，大气都不敢出，正当感觉它就要在头顶砸下来的时候，那亮点又带着漂亮的弧线划过天际，转瞬落到远方地平线上，升起一个巨大的烟柱，继而才听到隆隆的爆炸声。紧接着，搜索队员便坐上卡车向二三十公里外烟柱升起的地方奔去，开始拉网式搜索残骸。

观摩了两发训练弹的发射以后，远程再入飞行器还没有做好发射准备，因为在技术阵地测试的时候陆续发现问题，为解决这些问题，发射时间一推再推。由于交通很不方便，刘连元他们在落区的试验队员虽然做不了什么事，可也不能回北京，只能在那儿等着。刘连元有时给部队讲课，介绍火箭的设计原理、飞行过程，以及结构、防热、遥测等各方面的知识，有时和部队的技术干部进行交流。

每每在夜深人静的时候，刘连元就会不由自主地想起北京，想起儿子和女儿，还有那位美丽贤惠的妻子，他们怎么样了，他们在干什么呢？

等待了漫长的两个多月，首区终于传来决定发射的消息。落区试验队便提前进驻观测点驻地。在这里，一般发射以后工作才忙碌，在等待首区做发射前准备时便没什么事儿，刘连元自幼勤快惯了，闲不住，就到伙房给战士们帮厨，或者跟他们去捡柴火。小山包外是小河滩，涨水的时候会从上游冲下来许多枯树，枯水季节战士们便捡回来当柴火。有时也在地窨子里给战士们讲课，介绍发射过程，怎么观察，怎么搜索，搜索的时候要注意什么。

发射时刻终于到来了，随着无线电波传来首区倒计时指令，观测点的队员们便翘首以待，期盼着那激动人心的时刻。可是，过了好一会儿，一点动静都没有，按惯例都该到触地爆炸的时间了，但原本应有的光亮、烟柱和声音都没有出现，继而战士报告，雷达也没有跟踪到信号。落区急忙和首区联系，首区说肯定是飞出来了，让落区赶紧组织力量搜寻，估计可能打偏了，要扩大搜索范围。

当天没找到，第二天天一亮，试验队员和部队的战士组成的搜索队就去了附近机场用飞机搜索。那是只能坐十几个人的军用小飞机，因为要寻找地面目标，飞机飞得很低，连地上跑的兔子都能看见。由于是低空飞行，飞机又小，所以颠簸得很厉害。为了看清地面的情况，还必须把舱门打开，用绳子绑住观察员的腰部，让他头朝下伸出舱门去看。因为战士对残骸情况不太了解，观察员一般由试验队员担任。这些平时都是坐在办公室里绘图、做计算的人，哪里经受得起这样的折腾，不一会儿就头晕目眩，胃里翻江倒海，真是要把五脏六腑都吐出来似的。时间紧，任务重，即使这样，也没有一人后退，一个趴下了，就换另一个，愣是在天上转悠了一天，也没有找到丝毫残骸的踪影。

第三天又去，刚上飞机，队员们就晕晕乎乎的，只飞了一趟，飞机驾驶员便提出必须休息。他说："连我们经常在天上转悠的人都受不了，更别说你们了。"于是，搜索队决定返航休整一天。

谁知，转天再去，他们一到机场就发现情况不对，机场上的战斗机都就位了，每驾飞机的驾驶舱都坐着整装待发的飞行员，气氛非常凝重。前两天负责机场接洽的人告诉他们，这里已经是一级战备状态，今天可能飞不了了，你们回去等消息吧。

与此同时，在观测点驻地，部队给留守在那里的试验队员发了苏联各种轰炸机的图片，要他们哪儿也不能去，就在营区等着，一旦看到这些飞机来了就赶紧躲避。到底发生了什么事，队员们都很奇怪，找到相熟的几个战士询问，他们个个都说"不知道"。大家就猜测，1969 年"珍宝岛事件"后，我国北方边境就成了敏感地区，可能是苏联要跟我们打仗了。一时之间，大家都很紧张，这里离北方边境这么近，真的打起来可能很快就会成为前线。

虽然心里紧张，但大家想得最多的还是他们的宝贝疙瘩——残骸，如果真的打起仗来，恐怕就会和这个宝贝失之交臂了。没想到，当天晚上就有消息说，部队的伐木队在沙漠深处听到了一声巨响，走到跟前看到有个大坑，还有一些碎片散落一地。听到这个消息，队员们顿时兴奋起来。负责总体设计的工程组组长尹学孟便带着刘连元和基地的战士，分乘两辆吉普车连夜向伐木队营地出发。从观测点驻地到伐木队营地大概有十多个小时的路程，车到中途，饥肠辘辘的他们已经饿得前胸贴后背了，当地兵站提前准备好了饭菜接待他们。这顿饭吃得那个香呀，几十年后，刘连元还记得当时的菜是辣椒炖羊肉。吃完饭接着走，半夜到达当地兵站，立刻跟伐木队联系，双方约定了碰头地点。两小时后，试验队和伐木队见面了，热气腾腾的饭菜又端了上来，大家一边吃一边研究搜索方案。伐木队说，离那儿还有二三十公里，车子不能开到跟前，有一段路需要步行，建议先休息，抓紧时间睡一会儿，等天亮后再去。

天刚蒙蒙亮，队伍就出发了，跟着伐木队的向导向沙漠深处迈进。这里的景色和落区又不一样，不是一望无际生硬冰冷的戈壁，而是能依稀看到一些树了。好长时间没看到绿色，猛一看顿觉亲切，刘连元很兴奋，不觉连连感叹。向导说这里有些地方有水，红柳、胡杨等沙漠里的树种都能生长，再往里走，就不是这样稀稀拉拉的，而是成片的树林呢。

车子开到沙漠深处就不能再走了，因为前面都是疏松的沙丘，再开，车轮就会陷在里面。大家便下车开始步行前往。在沙丘上走路真不容易，走一步滑半步，不一会儿，鞋子里就灌满了沙子。开始大家还停下来抖一抖沙子，但很快就放弃了，因为沙子是永远抖不完的。走了一公里多路，终于看到前面的沙丘中间有个椭圆形的大坑，向导说就是这儿了。队员们一听，顿时兴奋起来，也不管累不累，连滚带爬地冲上前去。

这个景象刘连元还是第一次见到，在一个长轴足有 10 来米，短轴也有好几米的椭圆形大坑里散落着一大片玻璃钢碎片和一些大件的残骸，坑前两三米的地方还有一片黄豆粒大小的玻璃碎渣，他们知道，那是局部残留物。这就是他们要找的东西!

来不及喘口气，他们便马不停蹄地开始清理残骸。残骸大部分是防热层、蒙皮及泡沫塑料碎片，散布的区域很广，有的都溅落到数百米开外，其中最重要的，带有回收数据功能的数据舱钻到了坑底的地里。为了回收数据，没有别的办法，只能把它挖出来。

这个坑本身就很大，周围是松软的沙丘，沙丘很高，一边挖，顶上的细沙一边往下滑，挖一铲滑半铲，挖掘的速度非常慢。好不容易挖到一人多深才看到它，可是它太大、太沉了，很难弄出来。战士们想了很多办法，从伐木队借来工具，又是撬又是吊，中间还要用木板把滑下去的沙子挡住，费了九牛二虎之力，才把这个钢疙瘩从沙子里挖出来。

挖出来之后大家才发现，新的问题又来了，这宝贝太沉，车子又无法开到跟前，没办法往外运。经请示首区领导，决定现场取出回收磁带，带回部分残骸，其余残骸就地掩埋。

再入残骸找到了，首区那边又传来命令——要找二级发动机，分析它为什么打偏了。大家一想，这可麻烦了，茫茫大沙漠，又没看到它从哪儿掉下来，这到哪儿去找呢？看来，只能按规律预测，再入飞行器与火箭分离后，二级发动机就会掉下来，一般发动机会在再入飞行器后面，只能沿轨迹定个大概的方位，划定一片区域去寻找。由于还处于一级战备状态，这次就不能用飞机找了，于是，部队找了十几头骆驼组织了一个骆驼队，备上西瓜、水、食物，提前把骆驼喂饱就出发了。

骆驼队来到轨迹的轴线上，顺着轨迹往前捋，原本想像的是沿直线走，可是，面前是一个个大小不一、毫无规则的大沙包，人绕着沙包走，又没有参照物，很快就不知道东南西北了，转来转去都不知道转了哪些地方，好像转过的地方又转回来了，无法确定。这样不行，也许一天下来尽在原地打转转了。于是大家停下来商量，讨论出一个“笨”办法：先用指南针定位，然后派一个战士爬上最近的一个沙包顶插一面小红旗，又让另一个战士跑到前方的沙包顶上再插一面旗，这样通过人工标记的参照物来固定方向，就不会胡乱转悠了。队伍就这样走一个沙包插一面旗，走了一天还没走 10 公里，可天已经黑了，只好停下来宿营，第二天再走。

就这样搜索了3天，发动机还是毫无踪影，但骆驼队必须返程。因为一头骆驼不吃不喝最多只能走7天，为了减少辎重，不能带骆驼的补给，骆驼队必须在5天之内回到驻地，才能确保骆驼万无一失，而返回驻地还有一天多的路程。

回到驻地，试验队又马不停蹄地准备第二次进入，决定从第一次走到的地方再往前搜索。部队也在积极准备补给。后来首区领导分析，在偌大的沙漠里找一个发动机残骸无异于大海捞针，靠骆驼队搜寻速度太慢，搜寻的范围又太窄，希望渺茫，还得申请飞机搜索才行。就在骆驼队准备第二次出发的时候，新疆军区批准了两架直升机，终于用直升机搜索了几天才找到残骸。

刘连元没有参加搜索发动机的工作，因为拿到再入数据磁带后，领导就让他把磁带直接送到首区去分析，为了安全起见，路上让一个战士陪同。由于当时气氛紧张，基地都在疏散人员，所以领导让刘连元把战士送上开往基地的火车，由战士独自送最后一程，他自己则可以随车回北京。于是，他和战士两人就和大家分开了，先坐小飞机，又乘汽车，最后转火车。由于带着数据磁带，为了安全，部队给他们俩买的是软卧车厢的票。

当时软卧的条件比飞机还好，独立包厢，非常安静。在沙漠里摸爬滚打了好几天，累得都不成人样了，这下终于能美美地休息一下！刘连元一上火车便和小战士轮流睡觉——终于找到了“床”的感觉。

列车每过一站，站台上的人都特别多，一个个扛着大包小包的行李拼命往车上挤，刘连元纳闷，以前火车上人多，可也没见过有这么多人呀。一问列车员才知道，沿途都在疏散人口，坐车的人陡增。列车员还特意嘱咐一句，没事就不要下站台去，免得上不来。

到了战士转车的地方，刘连元才第一次下车去送他。这趟车在这里停留的时间特别长，足够让刘连元把战士送上去基地的那列火车。他和战士正急匆匆向对面列车跑的时候，一眼瞥见一个在首区参加飞行试验的同事也在站台上跑，刘连元便问他去哪里，对方连脚步也不停，只匆匆说了一句：“疏散回北京，大家都坐这趟车。”等刘连元把战士送上车再回来，就不见那位同事的踪影了。

回到软卧车厢，刘连元心想，这么多人，不知道所里的同事买到了什么票，如果是硬座就吃苦了。自己一个人呆在软卧车厢这么舒服，而同事们却在挤得跟沙丁鱼罐头一样的车厢里受罪，不如去找找他们，如果可能的话让他们过来，在软卧里坐着回北京也比在那边舒服。于是，他便起身去找他们。列车员担心他下去了就上不来，不让他下车，他只好从车厢里往后挤。车厢里人多得连转个身都困难，更别说挤过去了，费了九牛二虎之力才走了两节车厢就根本走不动了，而他一个同事都没找到。正没辙的时候，他忽然看到这节车厢不靠站台那边的车门是开着的，他也没多想就跳了下去，然后沿着车厢一个窗户一个窗户地往后找。没想到人没找到，却突然发现后面的车厢没有一个门是开着的，他顿时感觉情况不妙，赶紧往回跑，跑到他下去时的那节车厢一看，连这扇门都关上了！他赶紧使劲拍就近的窗户，请车上的人帮忙把窗户打开，让他爬上去。车上的人看他像个学生，似乎不是坏人，就把车窗打开了。车窗是打开了，可要上去也不是那么容易。因为这边不靠站台，刘连元是站在铁轨上，两手举起来也就刚刚能够扒到窗户的下沿儿，情况紧急，他也不知怎么一使劲儿就窜了上去，窗户两边的人连拉带拽，才把他拖进了车厢。上去以后，他赶紧连声感谢人家，然后又往后面车厢挤。挤了一段还是没找到，只好往回返，还好在回去的路上碰到了两个同事，他就带他们去了自己的软卧车厢。

回到软卧车厢，他才发现身上的衬衫是敞开的，再仔细一看，原来衣服扣子全被剐掉了，从上到下一粒都不剩。回想起来，恐怕是刚才从窗户爬上来的时候在窗沿儿上剐掉的，当时心情紧张，竟没发现。

在回京的路上和首区的同事聊起当前的形势，他们也不清楚是怎么回事，只知道通知一级战备，不相干的人员都要疏散，包括部队家属，所以火车上才会有这么多人，别说研究所领导，就是总设计师屠守锷都没有卧铺，和大家一样坐硬座。想到老领导、老专家们都在拥挤的车厢里坐着，自己年纪轻轻的，却在软卧车厢里享福，刘连元真是过意不去。

一路劳顿，终于回到了北京。离开了108天再次回到孩子们身边，刘连元抑制不住高兴的心情，一进门就准备把小女儿抱起来。谁知，小姑娘却怯生生地往后退，刘连元往前凑，她又往后退，最后干脆钻到桌子底下去了。甄淑芬看到这情景，鼻子一阵阵发酸，连忙蹲下去和颜悦色地对女儿说："芳芳，你不是总说要找爸爸吗，这就是爸爸呀。"刘连元也蹲下来张开双臂说:“乖女儿，来，爸爸抱抱。”小姑娘这才让妈妈牵着手从桌子底下钻出来，投进了爸爸的怀抱。

回到北京一段时间后，大家才知道原来是因为林彪出逃，飞机在蒙古温都尔汗大沙漠里坠毁，才导致边境线上气氛紧张，波及基地紧急疏散，打乱了飞行试验后续的节奏，本来还应该等到遥测结果出来后才返京的。

### 3. 学以致用有限元

首次飞行试验结束后回到北京，气氛和基地完全不一样，政治运动又成了重中之重，远程再入飞行器的领导都靠边站了，研制工作停滞了很长一段时间。科研工作受到阻挠，但航天科技人员并没有完全放下科技工作，他们一边参加政治运动，一边断断续续做研究工作，全程飞行没人提了，但试验分析工作还在继续。

中程运载火箭飞行试验失败后，科技人员两进戈壁，仔细勘查再入飞行器落点环境，发现再入飞行器落地时有多个弹坑，残骸散落面积很大，这是过去飞行试验中从未遇到的现象。进一步分析才发现再入飞行器解体，是因为局部首先被破坏。不同部位材料差异造成局部热流加重，导致飞行器被烧穿。

此后，又一型号再入飞行器在再入过程中低空解体，这是再入飞行器研制过程中的又一次重大挫折。经详细勘查，研究人员发现回收的残骸烧蚀表面状态明显超出设计预期，并对照其他测量结果，判定表面烧蚀过度仍是再入飞行器解体的主要原因。

这两个型号故障分析的原因给远程再入飞行器研制队伍很大启发，刘连元查阅相关资料，结合其他方面掌握的情况，发现了再入烧蚀的重要影响因素。经分析，型号队伍一致认为，继续按照以往的方案进行后续设计是不合理的，必须修改设计方案。

用什么防热材料能使局部不至于被烧穿呢？此前，钱学森组织了我国远程再入飞行器技术论证，并确定了我国再入飞行器防热技术发展的基本思路。根据这个指导思想，刘连元查阅了大量资料，汇集国内外经验，提出了比较成熟和比较先进的两个方案。于是，远程再入飞行器防热设计组开始了防热材料的研究。

刘连元及其研究团队在做地面试验的时候发现，先进方案的材料存在很大的热应力，难以通过试验考核。所里采购了最好的新材料，先是取小样在小发动机上试验，结果一烧就像炸锅一样裂成好几块。后来又做成 1∶1 的模型，送到远程再入飞行器的试车台上试验，结果也是一烧就裂。因为新材料的热应力太大，突然加热，温差过大，材料就碎裂了。

那么，热应力到底有多大呢？国内还没有这方面的计算方法，不知道热应力的数值，就无法进行方案设计的定量分析和材料的性能分析，飞行器外形和结构的优选也会受到一定的影响。远程再入飞行器局部研究工作开展以后，迫切需要解决这个问题。然而，由于技术复杂、难度大，解决起来很困难，研究所向国内好几家单位都提了任务，刘连元自己也暗暗下决心要研究计算方法，从理论上解决这个问题。

这个时候，受大环境影响，所里每天下午一个小时的“天天读”和班后两个小时的政治运动时间是雷打不动的，科研工作反而不像以前那么忙，刘连元便自己找来各种资料专攻热应力计算。办公室里，当别人为了一个政治观点在高谈阔论互相争辩的时候，他很少关注，只是拿本书待在自己的角落里琢磨。

这时，著名科学家钱伟长刚刚开始在大学里讲有限元计算方法，国内还没有推广，刘连元便借来了一份他的讲义，又找到一本英国人编的书开始自学有限元计算方法。

早在 1969 年 3 月，经中央专委批准，由国防科委、国家科委、七机部商定，将中国科学院计算所研制的晶体管通用数字电子计算机 109 丙[①]调给一院安装使用，一院将它配置在计算站供全院各单位共享。学有限元计算的时候，刘连元一有机会就去计算站用这台电子计算机做计算。

20 世纪 70 年代的计算机看上去很厉害，一个庞然大物，足足占了几个房间，可功能连 20 世纪 90 年代 286 的台式计算机都不如，使用起来还特别麻烦。它使用磁带记录，数据输入靠纸带，纸带上一排四个小孔密密麻麻地排列着，每一排哪个孔打开，哪个孔堵上就表示不同的信息，编码就由这些孔来表示。计算时，首先要在纸带上把孔打好，如果某一排打错了，不必全部重来，可以用胶水粘上一张小纸片把那个孔堵上，再把正确的孔打开，所以上机时，必须备上几样必不可少的用具：记录用的磁带、事先打好孔用于输入的纸带、打孔器、胶水和补孔纸。在纸带上打孔必须非常仔细，稍不留意就会打错，有时为了检查一个小小的错误，就要将几十米的纸带一行一行地核对，往往还没看完，就已经头晕眼花了。

全院就计算站有这么一台计算机，十多家单位

① 109 丙计算机后来被誉为航天事业的“功勋机”，它为各种型号的运载火箭研究作出了巨大贡献，1985 年 5 月 4 日退役，陈列在中国科技馆。

要用，每天都要排长队。为了让大家错开时间，计算站规定白天一次只能用一个小时，晚上一次可以用两个小时，以鼓励大家首选晚上的时间。因为有限元计算太复杂，一个小时根本算不完，所以刘连元总是晚上去排队，即使排到半夜 1 点到 3 点的时间，他也不放弃。有时候时间到了程序还没算完，又必须把计算机让给后面等候的同志，只好忍痛割爱把它停了。这时候，他真是希望院里能再有一台计算机就好了！

因为计算机在国内刚刚开发，还没有标准程序，任何计算都得自己列公式、编程序，再把程序编码打在纸带上，打完了校对一遍，发现错误还得把错的孔堵上，非常繁琐。但是工作需要，自己又感兴趣，即使再麻烦，刘连元都乐此不疲。有时候，一个程序要调半年才能弄通，他也从不气馁，只要有一点小小的进展，他都特别高兴。

有两三年时间，无论白天黑夜，只要有空儿，刘连元就一头扎在有限元计算方法里，眼睛里看到的、脑子里想到的全是数值、公式和程序。结婚五六年，两个孩子都满地跑了，一家人还住在结婚时单位分配的那间小平房里。家离计算站有一两公里路，又没有路灯，无论是寒冬刮风下雪，还是盛夏暴雨倾盆，只要在计算站排上了队，他都会义无反顾地冲出家门，深一脚浅一脚地走在通往计算站的那条夜路上。天气特别恶劣的时候，甄淑芬虽然心里很担心，但她知道丈夫的心思，所以从不阻拦，而是默默地帮他准备好雨伞和手电筒，嘱咐他路上小心，然后怀着忐忑的心情等他回来。

大儿子五六岁了，正是处于儿童成长的叛逆期，刘连元清楚，管教孩子的任务也不轻松，所以，每天晚上，他都是尽可能地帮着妻子把家务事干完，将两个孩子哄睡着了才出门。虽然这样，时间长了，也总有照顾不到的地方。一次女儿半夜里突然发起了高烧，刘连元刚去计算站不久，甄淑芬一个人带着俩孩子，只好把睡着的儿子放到床中间，怕他睡觉不老实滚下床，又用被子、枕头挡在床边，把儿子安顿好了，才背上女儿走一里多路去医院。等女儿在医院输上液后，她又拜托护士帮忙照看，自己则急急忙忙跑回家看看儿子是否有事，然后再到医院接女儿回家。即使这么困难，甄淑芬也没有埋怨过刘连元，甚至都没有告诉过他这件事，好让他不要分心。

正当刘连元在自学有限元计算方法时，一院组织了一次为期一年的计算机培训班，培养使用计算机的骨干人员，每个单位只有一个名额，所里把这个名额给了刘连元。培训班系统地讲授了一些实用程序和新的算法，并针对一院特殊的科研问题，探讨如何在计算机上解决，刘连元更加体会到了计算机的优越性，同时也预感到它有广阔的发展前景，应该尽早地把它引入科研生产中。

功夫不负苦心人，经过几年的努力，刘连元终于完成了再入飞行器热应力有限元计算程序，用该方法和程序计算一条轨道只需要一小时，机时费 100 元，而用外协单位研发的方法和程序则要近百小时，机时费 1~2 万元。随即，研究所用刘连元的有限元法，对远程再入飞行器局部防热及大发动机烧蚀试验进行

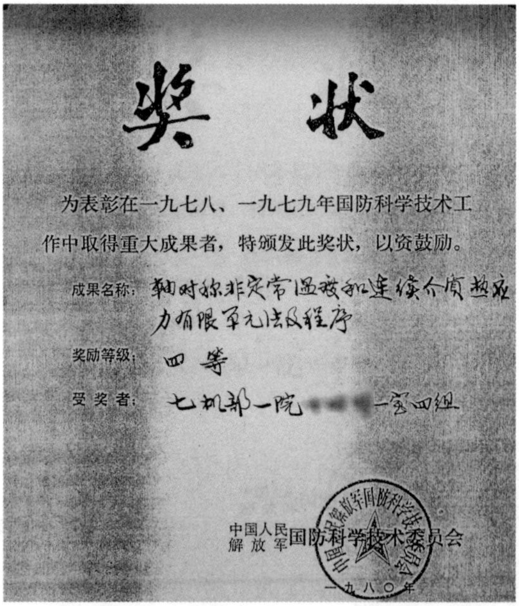
奖 状

为表彰在一九七八、一九七九年国防科学技术工作中取得重大成果者，特颁发此奖状，以资鼓励。

成果名称：轴对称非定常温度和连续介质热应力有限单元法及程序

奖励等级：四等

受奖者：七机部一院[redacted]一室四组

中国人民解放军国防科学技术委员会

一九八〇年

有限元计算方法和程序的获奖奖状

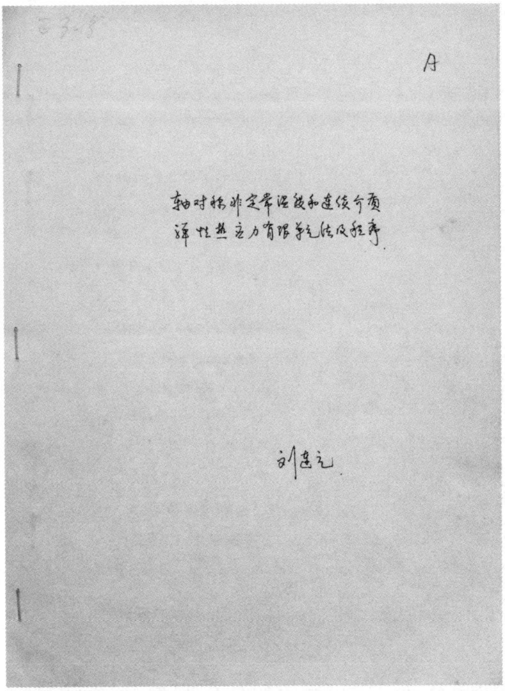


刘连元的有限元计算方法和程序研究手稿

了计算，还计算了外协单位组建的发动机的模拟能力，计算结果与试验结果基本符合，证明该方法和程序有一定的可靠性。有限元计算方法和程序还获得了1978—1979 年度国防科学技术重大成果奖四等奖。

至此，一个既可靠，又使用方便、上机工时少、成本低的有限元计算程序在研究所研发出来了，将它用于型号研制，不仅节约了数万元成本，而且解决了任务的燃眉之急。在再入飞行器防热设计上，这一计算程序一直沿用至今。

### 4. 五七干校度春秋

1974 年 2 月，刘连元按照所里的安排来到河南省驻马店市正阳县，在一院五七干校参加劳动锻炼。

干校按部队编制，有班、排、连的组织机构，一个班 10 来个人。刘连元被分配在一连，不过刚到的时候没有统一住宿，而是安排他们在老乡家里跟农民同吃同住。

刚进农民家门，刘连元顿时吃了一惊——怎么现在农村还有这么困难的地方？真称得上是家徒四壁，就是灶台边的墙上挂了一串干辣椒，连窗户都

1974年，刘连元（后排右一）在五七干校

没有，只在墙上挖了个洞就算窗户了，春天风大，就用麦草把窗户洞堵上。吃饭的时候端上炕的不是花生秧煮稀粥，就是野菜煮稀粥，而且菜多玉米渣少。刚开始大家还以为是组织上特意给安排的困难户，让他们忆苦思甜，后来相处久了才知道，村里还是特意把他们安排在富裕人家吃住呢！

农村怎么会这么穷呢？刘连元自己也来自农村，父母仍然在农村，也没见过这么穷的地方。三年自然灾害时期，父母过着糠菜半年粮的生活，但到了这会儿已经好多了，基本不愁填不饱肚子了，这里怎么会这样呢？时间长了他才了解到，这里的干部左倾思想特别严重，“大跃进”的后遗症还未得到扭转，农民们认为干了也白干，有点粮食就让干部交公了，导致他们干活偷懒，耕地不用牲口，

刘连元（后排左二）劳动之余与五七干校学员们合影留念

都是用人拉，因为牲口耕得深、走得慢，而人拉，走得快、耕得浅，他们也不管，反正在大队出工，干完就歇着。大家生怕有点粮食就要交公，所以家家都不存粮，有点东西都让男人换酒喝了，真是家家没有隔夜粮。

在农民家住了一段时间，干校便安排他们到干校的农场统一住宿，这里的条件好多了。农场有拖拉机，喂了猪，能积肥，大家干活肯卖力，庄稼长得比农民种的好多了。

在五七干校除了劳动就是政治学习，不下地干活时，大家就围坐在一起读《毛选》，读“三本书”:《反杜林论》《哥达纲领批判》和《国家与革命》。一个人念，其他人听，读完一段还要讨论。一个班里大家对政治问题的看法也有不同，思想左一点、右一点的人都有，讨论的时候辩论得面红耳赤，不过已经不像“文革”前期那样上纲上线，气氛比较和谐。

春播、夏耘、秋收，农场的活是有季节性的，播种和收获的时候忙碌，其他时间比较松快，生活枯燥，有很多闲暇时间没处打发，在那种气氛下也钻研不了技术，大家就用打扑克、到处溜达来消磨时光。

刘连元（后排左二）在五七干校与农场学员们在一起

在五七干校参加劳动的，既有老成稳重的长者，又有年少活泼的青年，有时也会做出一些调皮的事情来。为了便于灌溉，各连队都在自己的田地周围挖了深沟，还在沟里养鱼。元旦的时候，干校下通知，各连可以打鱼给学员改善生活，但规定一个班只能吃一条鱼。刘连元他们连的人私下嘀咕说一条鱼还不够塞牙缝呢，不过瘾。不知是谁从老乡家里借来了大鱼网，一不做，二不休，把沟里的鱼全捞了起来，每个班都分了好多，两三天都没吃完。这事儿不知怎么让干校知道了，派干部下来检查。刘连元他们事先得到消息，赶紧把剩下的鱼藏在一口大锅里，又在上面放上几层笼屉，笼屉里再搁上馒头。大锅的左右两边又各有一口锅真的在蒸馒头，蒸气蒸腾起来，不知道的人还以为三口锅都在蒸东西呢。检查的干部打开笼屉一看，噢，蒸馒头呢，就没有继续翻。他们躲过了一劫，一连打了好几天的牙祭，才把那些鱼消灭掉。

干校劳动快结束时，大部队都返京了，干校把刘连元他们排留下来殿后，并且和下一期学员做交接。这一个月可轻松了，就分配他们种了 100 棵树，三个班轮流做饭，又有伙食结余，每个班都想着法子给大家做好吃的，那一阵子可真是改善生活了。

在干校劳动一年，刘连元不但没有瘦，还重了 20 多斤，从一个瘦高个儿变成了壮壮实实的大个子，从此便再没瘦下去。

# 刘连元

刘连元院士传记

Academician Liu Lianyuan's Biography

第七章

# 刻苦攻关
# 技术骨干初长成

第一代再入飞行器研制遇到两大技术难题，刘连元参与了解决这两大难题的全国大协作，以及震惊世界的远程运载火箭全程飞行试验，成长为防热设计技术骨干。

**1. 参加全国大协作**

由于“文革”影响，大批科技人员下放军垦农场劳动，远程再入飞行器防热设计小组只剩下两三个人在北京了，刘连元就是其中之一。这时候，负责再入飞行器防热材料生产的车间传来消息：远程再入飞行器防热材料出现异常，生产出的材料硬度不一致，要求设计人员跟产解决问题。该车间大量使用特种胶等难闻的化工原料和容易产生粉尘的玻璃钢复合材料，加之车间的通风条件不好，不但有刺鼻的气味，空气中还漂浮着大量粉尘，这些粉尘无孔不入，几层衣服都能钻进去，弄得人浑身痒痒，在那儿上班的工人都要从里到外全部更换工作服，下班之前还必须洗澡换衣服才能回家。恶劣的环境导致设计员都不愿意去跟产，刘连元在组里最年轻，当仁不让成了跟产的主力。

所谓“跟产”，就是设计单位派设计员去生产单位协同生产，随时解决生产中遇到的突发问题。

作为设计员，并没有责任跟着生产车间的工人师傅一起干活，但刘连元把跟产当成了难得的学习机会，他跟产并不只限于站在旁边简单地看看，而是完全把自己当成生产车间的一员，跟工人师傅们一起配胶、浸胶、固化。一边干，他还一边琢磨，研究材料的硬度和哪些条件相关，并用各种办法反复去试，然后观察材料的变化。几天以后，他终于发现，如果前面工序对玻璃布的浸胶不匀，后面工序对玻璃布烘干时就会产生干湿不均，有些地方干了，有些地方还是湿的，导致后期生产困难，有的地方粘得好，有的地方粘不好，这样的材料固化以后，硬度就不一致了。

原因找到后，生产车间立刻组织技术人员改进浸胶机，控制浸胶的速度，让玻璃布均匀加热，既不能太干，也不能太湿，这样就解决了材料硬度不一致的问题。看到一个年轻人没几天就把问题解决了，师傅们都对刘连元竖起了大拇指。

浸胶不匀的问题解决了，分层的问题又出来了，生产出来的防热模型放到发动机上一烧，气流一吹便一页一页飞得到处都是，大家形象地把它说成"鸡毛飞上天"。起初在防热试验室做烧蚀试验时，试验室门外的马路两边都要各停一辆消防车做好灭火准备，因为里面一烧，掉下来温度很高的玻璃布碎片就往马路上飞，大家生怕其中有带着火星的碎片掉在易燃物上引起火灾。

为了解决防热层材料分层掉落的问题，设计小组摸索出了重叠铺敷的工艺，并成功应用到了型号上。但是，因远程再入飞行器飞行速度提高，它的气动热环境比以往型号要恶劣得多，采用重叠铺敷的工艺依然会出现分层现象。如果在再入过程中防热层产生严重的分层现象，再入飞行器的烧蚀量将成倍增加，极易因烧穿而空中解体。

经过一年多的研究，无数次试验，问题还是解决不了。怎么办呢？刘连元冥思苦想，并查阅资料，终于和材料单位科技人员一起找到了一种解决办法，能大大减少再入飞行器的烧蚀量。

办法想出来了，要实现它却不容易。因为再入飞行器是一边大，一边小，在铺敷过程中，玻璃布就得变形，很难成型。一院便组建了由研究所和两家外协单位组成的联合攻关组，共同研究新方法成型工艺，刘连元是联合攻关组中的主要成员。那两年，他几乎天天泡在生产车间和工人们一起干活，生产的工艺流程他都掌握得滚瓜烂熟。经过反复尝试，他们终于能够使产品成型了。但是，新问题又来了——生产出来的产品在固化过程中容易变形。这该怎么办呢？又是漫长的钻研，反复地试验，他们终于发现该工艺条件下玻璃布张力不好控制，因为受力不均，玻璃布容易产生疏松和皱褶。于是他们又改进固化方式，保证把产品压紧压实。

就这样，经过近三年的艰苦努力，联合攻关组终于解决了防热层材料分层掉落的难题，使防热技术又向前跨进了一步。这三年中，刘连元心里想的、口中说的，甚至晚上梦见的都是防热材料分层的事。模压车间空气污浊、粉尘弥漫，在这样的环境里，他往往一待就是十几个小时，久而久之，居然都习惯了那里的环境，还跟别人开玩笑说，一天不来，一天没闻到这里的气味，他还浑身不舒服呢！他就是这样，常常能在艰苦的工作中找到让自己和别人快乐的因素。他说，愁眉苦脸是一天，苦中作乐也是一天，既然非干不可，干吗不让自己快乐地接受呢？

科学研究永远都像爬山一样，你以为征服它了，等到攀上山峰以后，你才发现，前面还有一座更高的山峰挡着路呢。远程再入飞行器防热设计也是这样，材料分层的难题攻克了，更大的难题又接踵而至——“热障”。

再入飞行器再入过程中飞行速度很高，可达数十倍声速，这种速度条件下空气受到强烈的压缩和剧烈的摩擦作用，使得空气温度急剧升高，进而传递到再入飞行器，造成再入飞行器烧毁。这种因高马赫数飞行所出现的一系列由于高温而引起的复杂物理化学现象就是所谓的“热障”。要解决再入飞行器的热防护问题，就必须突破“热障”这一技术难关，否则，它就会像流星一样在空中烧毁。

要解决热障问题，从流体动力学和热力学角度出发，有两种方式，一是减少气动加热，二是采用特殊防护措施。物体在空气中高速运动，会使周围的空气受到强烈压缩和剧烈摩擦，导致物体大部分动能转化为热能，造成物体周围温度急剧升高，高温气体与物体表面产生巨大温差，部分热能迅速向物体表面传递，这种由于物体在大气层中高速运动产生的加热现象，学术上称为“气动加热”。气动加热与再入飞行器周围的流场特性和边界层均有关系，设计员必须通过复杂运算得出结论。

特殊防护措施就是给它穿上厚厚的“防护服”。但是，再入飞行器又不是一个空壳，它的内部必须装上有效载荷才能发挥作用，而作为再入飞行器运载工具的火箭发动机的推力又是有限的，必须让再入飞行器的重量限定在有限的范围之内。这样，问题来了，要符合重量要求，“防护服”不能太厚，而太薄又无法安全护送再入飞行器突破热障成功再入。这就给再入飞行器防热设计提出了一个难题：防热层厚度如何把握，才能既符合重量要求，又达到防热要求？就像寒冷的天气，应该穿多厚的棉袄才能既轻便又暖和呢？

要解决这个问题，就必须研究飞行器再入过程到底会承受多大的热量。刘连元回想起之前失败的例子，远程再入飞行器的飞行距离比它们都远，再入热环境的恶劣程度更是难以想象。而现有的研究成果掌握的热量指标只是个区间，到底应该在这个区间上取一个什么数值，谁也说不清楚。有人说干脆保险一点，就按最高值来设计。刘连元提出如果按最高值设计，再入飞行器就太重了，会超重很多，总体给出的指标都不能实现。所里各级领导也同意这个观点，如果按照最高值设计，再入飞行器要满足设计重量的要求，里面便什么都不能装，它就会变成一个防热疙瘩，而不是真正意义上的再入飞行器。

可是，不按最高值设计，又该怎么干呢？谁也不知道，既没有资料可查，也没有实践经验。

国防部五院一分院成立之初，从组织机构到人员编制，甚至是建筑物都是由苏联设计的，根据设计要求，防热试验室具备的条件是“火箭发动机（设备），热物理工程师 12 名”。当时，新中国刚刚成立没几年，科技人才极度缺乏，根本没有“热物理工程师”，国内的各大高等院校也没有火箭专业。于是，就在全国各地招了十几个学电厂热能动力装置、热工专业的学生。因专业人才的缺乏带来的困难在当时并没有显现出来，因为刚开始仿制的再入飞行器是个钢壳，没有防热层。后来的几个型号因为射程近，防热要求不高，就没有对防热研究起到很好的牵引作用，所以，我国防热理论研究和试验设备都没有得到有效的发展。当时党中央要求远程再入飞行器的发射时间一定要往前赶，所以上级对工作催得很急。

所里主管远程再入飞行器科研工作的领导王国雄与总体室防热组组长商量，组长提出能不能把之前成功的型号防热设计方法外推到远程再入飞行器上来，因为有它的飞行数据。王国雄同意了，但心里还是很不踏实，便做了两手准备，一边着手设计，一边向钱学森、庄逢甘汇报，请求组织全国的力量来进行气动攻关。

国防科委主任张爱萍专门到一院了解远程再入飞行器的研制情况，王国雄在汇报时提出，头部轨道、防热设计还比较困难，原因是一家外协单位大部分研究气动、防热理论的人员被调到外地去了，人员分散，研究力量比较薄弱。张爱萍当即表态：“只要他们不出我们国家，我们就想办法把他们找回来，跟我们干。”在场人员听了都很兴奋。于是，研究所便委派两位同志到外地找人、介绍情况。当时外地研究机构也没有多少任务，一听到这个消息，都很受鼓舞。随即，研究所积极投入全国大协作的准备工作。

此后，研究所编写了一份报告，目的就是为了解决远程再入飞行器的关键问题，报告中提出了两大难点：一是再入飞行器会不会被烧穿，二是再入飞行器会不会因为烧蚀量增大而翻跟斗（即不稳定）。这个报告交上去还不到一个月，国防科委就召集了一次全国性的科研会议，引出了气动攻关全国大协作。钱学森在协作动员中激励大家：人生能有几回搏？要像打“淮海战役”那样打一场歼灭战。

参加全国大协作的有多家研究所和高校，合作的形式既不签协议也没有合同，只是由研究所作为牵头单位，给各协作单位发任务书，经费都是各单位自己解决。这时，能为国家攻克科技难关，大家都感到万分光荣，满腔热情地投入研究工作，没有一个单位提出要经费。

为了便于落实具体工作，整个工程项目被分解成若干专题、课题。考虑到

刘连元（前排右四）参加气动防热专题会议

刘连元参加第四次气动热专业工作会议

各单位的气动计算和风洞试验结果，可能会差异较大，因此，每个课题起码有两个以上单位同时承担，用不同的方法进行研究，以确保结果的正确性。

此后，参与协作的单位投入大量人力物力，围绕再入飞行器不被烧穿和再入飞行稳定性问题做了一系列试验。

合作单位的人员对刘连元都很尊重，并非因他是牵头单位的人，又是专业组副组长的缘故，而是他和别人合作很交心，他有什么要求，别人需要什么，都能沟通得很充分。他对别人的工作也很钻研，可以和对方深入探讨，甚至能指出可以改进的地方。试验应该怎么做、试验条件怎么设置、试验方法怎么改进会比较好，这样做出来的结果会比较真实，能达到技术要求，所以，合作单位的人员对他很佩服。后来，人们形成了习惯，认为只要刘连元确定的东西都不会有疑问。这种认可不仅仅在于他是牵

刘连元（后排右一）参加气动热力学会议

头单位人员，更在于他懂技术，并能说到点子上，能指出不妥的地方。

大量试验表明，再入飞行器的烧蚀表面有一定的规律性。于是，刘连元大胆改进了热环境的预测方法。这样，就可以有效减轻防热层的重量，方案也能达到防热要求。

在用高超声速风洞进行烧蚀图像模拟的同时，刘连元也在做一系列的燃气流烧蚀试验，目的是对材料进行选择。在对不同组分、不同工艺的各种材料进行了大量的烧蚀试验后得出结论：热应力能使新材料产品连杆破坏，建议使用其他的防热材料。

就这样，在刘连元及其研究团队大量试验验证和理论分析的基础上，研究所提出了远程运载火箭防热层的材料与厚度，并在国防科委组织召开的远程运载火箭再入飞行器气动会议上得到认可。本次会议有钱学森、任新民、屠守锷、庄逢甘、林同骥等老专家出席，与会代表确定了远程运载火箭再入飞行器防热和气动设计基本可行。会议同时要求，加速开展模拟再入飞行器再入过程的各种理论课题与试验研究任务，使远程运载火箭早日进行飞行试验。

此后，外协单位研制的新材料防热方案参与了远程运载火箭模拟射程的低轨道飞行试验，并获得首飞成功，而且在以后的历次高低轨道试验中均获得成功，回收的残骸证明，新材料作为远程运载火箭再入飞行器防热方案具有比较优良的性能，圆满地解决了防热问题，不仅突破了我国远程运载火箭再入飞行器的防热关，而且与国外同类产品相比具有一定的先进性。

至此，我国第一个远程运载火箭再入飞行器的热防护系统设计顺利完成，成功突破了决定成败的“热障”技术难关，使 1980 年全程飞行试验成为可能。

### 2. 自己动手建小家

在全国大协作的这些年里，刘连元经常去上海出差，不出差时，也是白天忙工作，晚上参加政治学习，每晚去幼儿园接孩子的时候，他们都已经睡着了，都是在睡梦中被抱回家。早晨的时间更紧张，夫妻俩就像打仗一样，把孩子从床上拖起来穿戴整齐、洗漱完毕就得急急忙忙送去幼儿园，基本没时间跟他们在一起。到了星期天，俩孩子都想让父亲带自己出去玩儿，哪怕就是在家门口做做游戏也好，可是，刘连元又总要去学习计算机编程，一去就是三四个小时。虽然他特别喜欢和孩子玩儿，有点时间就能逗得俩孩子特别高兴，但陪他们玩耍的机会实在太少。他也觉得自己欠孩子太多，所以，总是一有机会就想办法补偿他们。每次去上海出差，不管时间多紧，他都不会忘记给孩子买一袋大白兔奶糖，这可是小朋友们的最爱。有了奶糖的吸引，俩孩子总盼望着爸爸能去上海出差，再给他们带香喷喷的奶糖回来。

家里新添了两个小毛头，零零碎碎的东西就越来越多，没有家具，东西实在没处放了，而家具是要凭票供应的，有钱也没地方买去。看到有的同事自己动手做桌椅板凳，刘连元也动了自己做家具的念头。他农村有位叔叔是木工，小时候自己看过叔叔干木匠活，心想，照葫芦画瓢大概能行，便从叔叔那儿借来锯子、凿子、刨子、墨斗等一整套木匠工具，准备自己做一个大衣柜。甄淑芬很支持丈夫自己动手，丰衣足食。夫妻俩到南苑木材厂买了根两米多长水曲柳的方木，刘连元自己规划，打上墨线，用锯子一块块锯开做成框架，又买来五合板裁开当背板和门，自己一个人捣鼓了好多天，还真把一根木头变成了一个大衣柜。有了这次成功的经验，他干脆一不做，二不休，有点时间就干点儿木匠活，陆陆续续置办了餐桌、矮柜、五斗橱等，家里的陈设这才有了点模样。

刘连元他们那一代知识分子一般很清贫，生活条件都比较艰苦，家家户户基本上没有余钱来搞家庭基本建设，遇到困难只能自己忍着。不过，刘连元爱琢磨，只要有一点点可能，他都会想办法把生活条件改善一下。

比如他们家的“厨房”，刚开始只是一只小炉子，做饭时要端到门外走廊上，继而变成了窗户底下的小棚子。后来，刘连元自己动手在自家屋子前面的空地上搭了个真正意义上的“小厨房”，能够挡风遮雨了，但它没有和屋子连上，从厨房到卧室有一段路是露天的，刮风下雨时很不方便。为了改善居住条件，1976 年唐山大地震过后，他便利用做防震棚的材料，因地制宜地搭了个通道把厨房和屋子连了起来。为了不让通道挡住屋子的光亮，就拐了个弯让开了窗户，而把房门封到通道里面。这样，全家人出入，就必须先进厨房绕个弯才能进到屋里。他老父亲过来帮忙带孩子，看到这个模样，就形象地把他家称为“弯弯绕”。

这时，两个孩子相继上小学，正是对外面的世界充满好奇的时候，社会上，电视开始走进北京普通百姓家，但电视机需要凭票供应，一个研究室都发不到一张。刘连元住的两排平房里没有一家有电视机，大点的孩子就到好远有电视机的同学家里去看。人们业余时间的文化生活很少，只要放露天电影，家家户户都搬着小板凳去看，别说小孩子想看电视，就连大人也希望家里能有一台电视机。这时，学无线电技术专业的甄淑芬就想，能不能自己组装一台电视机呢？正好，她看到《无线电》杂志上有介绍电视机制作的文章，需要什么电子元器件、线路图怎么画，那上面都有，于是，夫妻俩一拍即合，说干就干，开始收集做电视机需要的元器件。没想到，这些元器件并不那么好找，北京根本配不齐，两人就利用出差的时间到处找，在石家庄电子管厂买个显示器，去上海的时候到四川路上逛专门卖电子元器件的商店，就这样东买一个、西配一个，花了三四年时间，才把所有的东西凑齐了。

东西配齐了，夫妻俩就分工合作开始制作，刘连元手巧负责组装，甄淑芬负责调试。组装的时候才发现有几个线圈很不容易缠，它不是平绕的，而是需要呈螺旋形缠绕，甄淑芬一看就说不缠了，干脆下次买现成的吧。刘连元仔细看了看杂志上介绍的缠绕方法，便说难是难了点，但并不复杂，仔细一点就可以了，还是自己缠吧，要买现成的，还不知要等到猴年马月才能碰上呢。夫妻俩工作都忙，刘连元晚上还要去计算站学有限元计算方法，只能见缝插针挤出时间来干，光缠线圈就断断续续缠了一个多月，好不容易才把电视机组装起来了。

这台电视机刚组装好的时候还是零散的，左边是显示器，右边是电路板，显示器还没法固定，总要告诫小孩子别碰到它。不过，当图像和声音都调试出来的时候，全家人都高兴坏了——终于能在家里看到电视节目了！

就这样，在那两排小平房里终于有了第一台电视机，虽然简陋，图像不是很清晰，而且有时有图像没声音，有时有声音没图像，但还是很吸引人，一到晚上，左邻右舍的孩子们都挤到他们家来看电视。时间长了，担心孩子们不小心碰到它，刘连元才做了个底板放电路板，钉了个支架固定显示器，这才把显示器和电路板凑到一块儿，但还是没有外壳，一眼望去全是零件和电线。又看了一段时间才找来木头做了个外壳把零件放进去，不过后面还是没封，因为经常看着看着就不清晰了，总需要去调试，钉上后背板反而不方便。

夫妻俩自己动手，靠着这样一个简陋的小黑白电视机，给两个孩子的童年生活增添了不少乐趣。

结婚十来年了，他们一直住在没有暖气的平房里，平房地势低，很潮湿，屋顶只是在一层薄薄的三合板上铺了一层瓦，到了冬天，里外一样冷。为了让孩子暖和点，甄淑芬就用刘连元学习编程用过的废纸把屋顶和四面的墙缝都糊上，也不顶事儿，只好在屋里烧煤炉取暖。屋里生了炉子以后，夫妻俩一直很注意安全的问题，没想到还是出事了。一天晚上，风向不对，炉子烧得不是很旺，甄淑芬就觉得头隐隐地痛，也没在意。她听到床上的孩子有动静，站起来想过去看看，谁知她刚一站起来就晕倒了。万幸的是，刘连元这时刚刚从计算站回来，开门一看妻子倒在地上，立刻冲进去把门窗打开通风，又忙不迭地把甄淑芬抱到窗边呼吸新鲜空气，再把床上的俩孩子摇醒察看情况。经过好一阵折腾，见甄淑芬和俩孩子意识都清醒了，他一直提到嗓子眼儿的心这才落了地。

这事儿以后，刘连元下决心坚决不在屋里烧煤炉取暖，立刻动手买来各种材料，自己琢磨着盘了个土暖气，终于把取暖用的炉子移到了屋外，心里这才踏实下来。

### 3. 火箭飞向太平洋

1978年3月18日至31日，全国科学大会在北京隆重举行。这是在“文革”结束不久、国家百废待兴的形势下召开的一次重要会议，对我国的科技发展有着深远的意义。邓小平在开幕式讲话中明确指出，“现代化的关键是科学技术现代化”“知识分子是工人阶级的一部分”。久经“文革”摧残的知识分子终于感受到了春天的气息。在大会闭幕式上，中国科学院院长郭沫若作了题为《科学的春天》的书面发言。他的发言道出了知识分子们的心声——春天来了，科学的春天终于来到了！

乘着科学的春风，一院又对远程运载火箭进行了一系列地面试验和飞行试验。结果表明，远程运载火箭已经具备了进行全程试验的条件。

为了圆满完成我国历史上规模最大的飞行试验任务，国防科委主任张爱萍给各参试单位下了军令状，七机部召开了誓师动员大会。任务落实到各部所厂站，层层分解落实到人，从领导到群众，从科技人员到工人，心往一处想，劲往一处使，争分夺秒抓紧工作，为的是不让远程运载火箭全程试验的准备工作在自己这个岗位、这个工序上“卡壳”“误点”。

为了保证发射试验万无一失，各研制单位派出精兵强将组成首区发射试验队和落区试验队。作为这个型号防热设计的骨干，刘连元有幸加入了落区试验队。他和所有试验队员一样，怀着紧张又激动的心情，摩拳擦掌，慎之又慎，认真做好战斗前的一切准备。

1980 年 2 月 12 日，中央专委批准了国防科委提出的远程运载火箭全程飞行试验实施方案。党中央对这次飞行试验十分重视，派出了一支由海军各舰队调集的十八艘舰船组成的强大的远洋试验船队。

实施这项试验，不仅要把我国的远程运载火箭准确地发射到预定海域，而且还要派出新中国成立以来的第一支庞大舰队，在远离祖国的南太平洋上执行测量和打捞数据舱的任务。刘连元有幸参加了这项光荣而艰巨的任务，内心无比激动，他无数次地想象火箭飞向太平洋的时刻，会是怎样的振奋人心、怎样的震惊世界！

远洋船队出海是一项非常复杂的系统工程，不仅要船只良好，设备正常，还要各系统有良好的协同作战能力。为了保证舰船编队顺利完成任务，上级决定 3 月在青岛外的黄海进行一次海上合练。合练船队从上海出发，往北驶向青岛附近的胶州湾。当船队驶出长江口，蔚蓝的大海便展现在参试队员面前，舰队乘风破浪前行，激起白色的浪花，成群的海鸥上下盘旋，自由翱翔，这是一幅多么美丽的图画！试验队员站在甲板上无不发出深深的感叹，为执行这次任务而高兴，为祖国的发展而自豪。

刘连元是第一次登上军舰，也是第一次出海，非常新奇，和几个年轻的试验队员在船上到处走，这里瞧瞧，那里看看，在甲板上流连忘返。船上的战士便对他们说："您着点，别太兴奋，一会儿你们就会没劲儿了。"还真让他说中了，正值春天大风天气，舰船逐渐远离近海，海浪随着风势越来越大，不一会儿海面便波涛汹涌，舰艇一会儿被推上浪尖，一会儿又跌入波谷，颠簸得很厉害。刘连元是北方人，第一次坐船出海就碰上这么恶劣的天气，很快就受不了了，胃里翻江倒海，只得马上返回船舱休息。谁知，躺下以后还是不行，就感觉自己的身体一直在荡秋千一样，就没有平衡的时候，直晃得头昏脑涨。很快，舱里的呕吐声此起彼伏，刘连元使劲憋了一会儿，终于还是没能忍住，“哇”的一声，把早上吃的东西全都吐了出来。他干脆躺在船舱里不出去了，可呕吐还是止不住，直到把胃里的东西都吐出来了，还在一阵紧似一阵地干呕，似乎要逼得人把五脏六腑都吐出来一样。

舰队驶入预定海域，便开始紧张而有序的合练工作，设备自检、时统、通信、遥测、外测和打捞各项工作依次进行，经过几天的航行，刘连元渐渐适应了海上生活，同打捞船上的试验队员一起，参与了遥测、外测和打捞工作的合练。

好不容易挨过了十几天，眼看合练就要胜利结束，试验队员们却又一次经历了大自然的洗礼——当大家正在进行紧张的合练时，突然感到大船开始晃动，试验队员乘坐的全是万吨以上的巨轮，这时却晃动得越来越厉害，想走出船舱看看，一开舱门便被风卷着海水给打了回来。风越来越大，风力高达八级，狂风卷着巨

刘连元（后排左三）与参试人员在舰艇前合影

浪不时打向甲板，巨浪把船时而高高举起，时而又突然抛下，船的摆幅越来越大，在舱内已无法走动，很多同志又开始呕吐，而且越来越厉害。有经验的同志讲，大船不怕浪而怕涌，“涌”是一种波峰与波峰之间距离大、波峰与波谷落差大、频率低的巨浪，正是这种涌使巨轮开始上下左右地低频晃动，人们极不适应。试验队员为减少呕吐，大多数人都静静地躺在床上，可仍然难以抵挡这种晕船反应，晕船药早已失灵，反应厉害的同志不要说吃饭，就连起床都不可能，趴在床边不停地吐，吐完食物吐胃液，吐完胃液吐胆汁，痛苦之状难于言表。然而，船上的海军战士却在风里浪里紧张地加固甲板上的设备，他们全身湿透，步履蹒跚，站立不稳，但仍然一丝不苟地把每台设备牢牢地固定在甲板上。

终于等到大风过后，舰队返港。下船之前，试验队的领导鼓励大家：这次合练，你们能挺过来，身体能适应恶劣的海上环境，就是极大的胜利！

还真有人没能挺住，呕吐到晕厥，就连合练结束下船的时候都站不起来，只好用担架抬下去。后来，正式试验就没能参加，大家都为他惋惜。

海上合练不仅考验了船只和设备，也考验了参试人员。试验队员们经受住了恶劣环境的考验，对顺利完成任务更加充满信心。

1980 年 3 月初，国防科委发布远程运载火箭全程飞行试验进入实施阶段的动员令。试验队出发前，国防科委和七机部的领导一再叮嘱，千万不能因过去试验成功了就骄傲起来，掉以轻心，也不能因过分紧张而忙乱出错，一定要沉着、冷静地工作。领导还反复强调，确保成功，关键在首飞，要求参试人员一定要做到“严肃认真、周到细致、稳妥可靠、万无一失”。

4 月，试验船队起航，奔赴南太平洋上的目标海区。船队从舟山群岛的朱家尖岛出发，在嘹亮的军乐声中，舰船编队汽笛长鸣，告别码头送行的人们，迎着灿烂的朝阳，编成两路纵队，浩浩荡荡地奔向茫茫大海。附近渔船上的渔民们，看到我们国家有这么大一个舰船编队出海，都激动地向船队挥手。此情此景，刘连元站在甲板上，一股强烈的民族自豪感油然而生。

船队出海以后，生活比较枯燥，一望无际的大海上，除了自己这支船队什么也看不见，只能在船上活动活动，或者看场电影打发时间，但船上总共也没带几部片子，无趣的时候还是挺多。刘连元所在的打捞船吨位小，有时遇到比较大的涌和海浪，摇摆得很厉害，为了防止晕船，刘连元便和队友想了个办法，用打乒乓球来对付它。没想到，活动一下，倒还真的比坐在那儿舒服。

大洋之上一望无际，再也看不到陆地，只有时而平静时而咆哮的大海，大片的鱼群在船队周围游弋，海豚时而出没于左右，追逐舰队，时而跃出海面，仿佛在和船上的人们嬉戏。飞鱼不时在海面飞起，当风浪较大时还能飞上甲板，刘连元和试验队员们忍不住好奇之心，都像小孩子一样跑过去和它们"亲密接触"，着实给枯燥的海上生活增添了不少乐趣。

大海的奇妙不经远航是很难体会的。一天半夜，有人把大家叫醒说到赤道了。刘连元跑到甲板上一看，在月光和船上灯光的映照下，平时咆哮的大海一下子变得非常温顺，就像一面镜子一样，平平静静地躺在船底下，真是让人难以想象。原来，这是到了赤道无风区，海上一丝微风都没有，水面便没有一点涟漪。

经过半个多月的航行，船队到达预定海域，大家立即进行首、末区的通信联络，全区合练，遥测飞机的综合测试，航测飞行标校试验等工作。

1980 年 5 月 18 日，这是我国火箭发展史上一个具有重大意义的日子，这一天，我国首个远程运载火箭将飞越太平洋。刘连元站在打捞船的甲板上，看着波光粼粼的海面，思绪万千。他想起了鸦片战争以来中华民族被列强奴役的屈辱历史；想起了抗日战争期间中国军队拿着劣等武器，以数倍于敌的人数投入战斗依然节节败退的惨烈；想起了 1949 年 10 月 1 日天安门广场上，人们欢呼雀跃、激情澎湃的自豪。近百年的中国近代史在这特定时刻闪回在他脑海里，激起了一股强烈的献身航天、献身国防的历史使命感。他暗暗下定决心，一定要将毕生精力投入到祖国的航天事业中，鞠躬尽瘁，死而后已。

一个响亮的声音打破了寂静：“发现目标！”刘连元注目远眺，一个亮点钻出云层，瞬时变成几个火球，其他火球很快消失，其中最亮的那颗由橘红色变成银白色，呼啸着划破长空，拉出一道耀眼的白光，直向预定海域飞来，随即消失在海面上。与此同时，一个足有一百多米高、直径数十米的巨大水柱从海平面上升起，这是再入飞行器落水时激起的“冲天巨浪”。过了一会儿，传来了一声震耳欲聋的响声，又过了一分多钟，海平面上传来第二声巨响，第一声是二级火箭空中爆炸的声音，第二声才是再入飞行器落水的声响。这表明飞行试验一切正常。顿时，欢呼声充满了船上的每一个角落。再入飞行器终于经受住了考验，刘连元悬着的心这才落地，顿觉心情一下子轻松了，情不自禁地跳起来，加入到欢呼的人群中。

打捞船立即开足马力向落点奔去。打捞船上有直升机机坪，还有两个海军潜水员准备从直升机上悬吊下海打捞数据舱。大约过了半小时，刘连元和队员们看到了海面上漂浮着一条翠绿色彩带，在深蓝的大海上格外醒目，那是数据舱的染色剂发出的标记。大家也同时看到了一个像浮筒一样的“小东西”在海上漂动着，它就是数据舱。数据舱记录着远程运载火箭飞行中的重要数据，它按设置时间准确地从火箭内弹射出来，如不及时将它打捞起来，就会沉入海底。

直升机先行到达落点，潜水员已经凭吊索下到海面，一艘快艇从打捞船上放下，并开足马力冲向目标。在快艇的协助下，潜水员顺利将数据舱打捞上来，并安全返回直升机。当直升机在打捞船上停稳后，人们把数据舱拿出来，看着这记录着宝贵数据的“珍宝”，全船的队员都欢呼起来。这是多么值得欢庆的时刻呀——我们中华民族有了自己的远程运载火箭！中国成为世界上第三个拥有远程运载火箭的国家！

这次试验，在世界上引起强烈反响。国外媒体

1980年5月22日，刘连元（后排右五）等人在任务胜利结束后，从南太平洋返航，途中舰艇甲板留念

1980年6月，刘连元（后排右二）与参加任务的同事们合影留念

刘連元 同志在发展航天事业中贡献突出，荣立一等功。

证号：584

中华人民共和国航天工业部

一九八四年十月

1984年，刘连元荣立航天工业部一等功证书

评论：中国向太平洋发射运载火箭试验成功，具有划时代的意义。它增加了中国在世界的份量，使第三世界国家受到极大的鼓舞。

刘连元在远程运载火箭研制工作中的辛勤劳动获得了上级部门的充分肯定。1984 年 10 月，航天部[①] 给研究所在发展航天事业中作出突出贡献的 7 人记一等功，刘连元是其中之一。1987 年 1 月，因在远程运载火箭再入体新材料局部结构设计中作出的重大贡献，刘连元作为发明人之一，获得了国家科学技术委员会颁发的四等国家发明奖。

① 1982 年 4 月，第七机械工业部更名为航天工业部，简称航天部。

# 刘连元

刘连元院士传记

Academician Liu Lianyuan's Biography

第八章

# 面临转型
# 技术管理两不误

刘连元转型为技术兼管理型人才，在技术上继续深入钻研，勇于创新；在管理上以人为本，成为群众的贴心人，充分激发团队的整体力量。

### 1. 走马上任室主任

1980 年以后，随着科技发展，总体室防热设计工程组承担的型号任务和预研项目越来越多，组里已经发展到拥有三个专业，人数达到 23 人之多，任务繁重，协作面广，作为一个工程组，已经不适应未来技术发展的需要。加之 1983 年一院制定的八年纲要中又提出了“再入飞行器防热技术领先”的要求，需要再入飞行器气动防热研究设计工作有新的发展。于是，研究所请示一院成立防热室。

1984 年 1 月 23 日，一院批准了研究所成立防热室，刘连元成为第一任主任。

以前都是自己带着几个人闷头做研究，心里只考虑技术问题就可以了，现在突然要管理一个研究室，而且是新成立的研究室，这个室如何发展，20 多位职工怎么成长，都跟自己这个第一任主任息息相关。刘连元顿觉责任重、压力大。虽然他嘴上没说，但甄淑芬感觉到了他细微的变化。以前他回到家里总是有说有笑，逗逗孩子，或者和自己聊聊今天的见闻，现在，他回家不说话了，虽然人在自己身边帮忙做家务，但听不见他的声音了，好像随时随地都在想心事。

他确实在想心事，在想防热室将来的路应该怎么走，怎么能在技术上站稳脚跟，真正拥有看得见、摸得着的先进技术。他一头扎进图书馆和资料室，广泛查阅国内外技术资料，看发达国家都是怎么干的，看人家的防热技术发展到了什么水平，自己和他们的差距有多大，他们有哪些地方可以借鉴，有什么新的方向、新的手段能和现有的型号任务结合起来，在完成型号任务的同时，发展自身的专业技术水平。

正当他想立足于型号大干一番的时候，突然听到有型号任务下马的消息，紧接着便是研制型号一减再减，科研经费严重不足，自己心里的许多设想都无法实施。这个时候，他没有坐等时机，而是主动跑到航天部负责研发的部门去沟通，争取得到他们的立项支持。没有型号的支撑，预研课题就显得尤为重要，能够得到立项，虽然不能像型号任务那么充裕，但多多少少能有些经费，技术研发工作就能启动了。

然而，并非他一个人想到了争取预研立项这条路，这时，航天部下属单位家家日子都不好过，都看着预研这块蛋糕呢，僧多粥少，就得看谁的申请能说到点子上，谁能打动评委，吸引评委的眼球了。

这样，刘连元闷声苦想的时候更多了，常常吃着饭，突然放下碗筷，找一

点滴积累技术创想

张纸就在饭桌上写起来，一些技术创想就是这样，抓住灵光一闪的思想火花，在日常生活中一点一滴积累起来的。

防热室是做防热设计的，而防热设计方案的选择和防热材料的选取是分不开的，因此离不开大量的材料试验。防热设计和气动热环境、材料试验都有关系，刘连元对这两个专业也摸得很透，对外协单位的业务也很熟悉。在和外协单位合作时，他不是把任务书提出去，再一般性地跟一跟生产过程就行了，他不满足于一般的了解，而是会了解得很深，有时还会提出自己的见解和主张。在长期的合作过程中，他逐渐对合作单位的技术领域有了比较深入的掌握，因此，他往往能和外协单位合作人员深入讨论，如试验方案的选定，试验条件的设置，试验结果的分析，计算参数、系数、公式的选取是否合适，等等。

作为室主任，他这时候考虑的问题不仅仅在技术上，还要关注年轻人的成长以及防热室的未来发展。他经常鼓励大家多学业务，尤其是对年轻人，他会

刘连元（中）赴外协单位出差

主动找一些专业资料给他们，鼓励他们参与新技术研究。他从自身的成长经历中得到启发，年轻人成长需要机会，需要在实践中得到锻炼，因此，凡是有科研任务，他都尽量给年轻人提供参与的机会。20 世纪 80 年代末，航空航天工业部[①]开始论证航天飞机和载人飞船的可行性，一院也积极参与。其中很重要的部分就是防热技术。刘连元找来一批国外空天往返运输系统和与防热有关的资料，组织室里的人翻译，给每个人分配任务，让大家利用业余时间完成翻译工作。这个做法一方面锻炼了大家的外语能力，另一方面，把国外资料翻译出来，也便于大家学习、掌握新技术。他经常告诫年轻人，一定要在技术上努力钻研，取得突破，争取成为技术上的行家里手。

平时他也热心培养年轻人，不仅对自己负责传帮带的年轻人关怀备至，而且无论哪个年轻人问他问题，他都很认真地给予指点、讲解，不但讲怎么样，而且还会讲为什么这样，要注意什么，所以，好学的年轻人都喜欢跟着他学技术。他对自己工作要求高，对年轻人要求也高，总希望年轻人技术水平、业务能力能提高得快一些。

此外，他还狠抓技术报告的严谨性、完整性和

---

① 1988 年 7 月，航天工业部与航空工业部合并，成立航空航天工业部。

刘连元在审阅技术报告

正确性，对于重大课题、重要项目，他一般会对撰写人进行面对面的辅导，进行出室前的最终把关。正是由于他和他的技术团队长期坚持不懈地努力，防热室在所里给人感觉是技术上精益求精、一丝不苟。这不是某一人，而是整体上给人这种感觉。

担任室主任以后，室里的大事小情都得管，刘连元虽然在技术上要求很严格，但他并不是个非常严厉的人，而是以德服人。大家都喜欢跟他在一起，出差坐火车，听他摆龙门阵，感觉非常有趣。平时他也很关心人，谁家搭厨房，哪个搬家，他都去帮忙。他还让室分工会主席组织年轻人在室里成立了“贴心服务队”，负责室里的后勤工作，帮同事搬家，搬运冬储大白菜，帮出差的同事解决生活上的燃眉之急，等等。逢年过节，他总会想着法组织大家聚聚餐，召集全室员工，这个提供炉子，那个带口锅，一起凑份子，热热闹闹地包一顿饺子。吃得虽然简单，但大家向往的是那和和美美的气氛。

### 2. 防热技术再钻研

刘连元和他的团队并不满足于现在掌握的防热技术，继续钻研，提出了更耐烧蚀防热材料的技术要求，并开展了相应的研究工作。

他们首先选择了石墨和碳毡进行研究，采购了国内最好的石墨做试验，发现小模型在防热室小发动机上一烧就裂成几瓣。后来在远程运载火箭试车台上又做了 1 ∶ 1 的模型试验，结果也是一烧就裂。刘连元发现这条路行不通，继而转变思路，重点探索热应力计算。一段时间的研究、计算、分析证明，石墨不能满足再入飞行器对热应力的要求。

接着，刘连元又与多家外协单位合作碳毡的研究，用碳毡做试验，发现它既不耐烧又容易裂，各种试验都不灵。这样，只剩新型防热材料可以选择了。因为它能实现高效热防护，是国际上提高防热功能的首选材料。

这时，国防科委、国家科委召开了全国新型防热材料会议，对发展我国新型防热材料作了全面规划和安排。

刘连元和他的研究团队通过论证，认为新型防热材料同时具备强度高、刚度高和比重小的特点。而此时我国已经初步具备研究和生产新型防热材料的条件，于是，研究所提出了开展新型防热材料预研工作的建议，准备用三年左右的时间，完成下一代型号正式采用前一切必要的准备工作。

此后，一院确定将新型防热材料作为一个新型号再入飞行器的局部防热材料。该型号先后完成了中样工艺研究，并建立了一台大样复合工艺设备，经过一系列研究，使新型防热材料大样性能达到和接近国际先进水平。

正当新型号研制工作如火如荼展开的时候，突然传来了这个型号下马的消

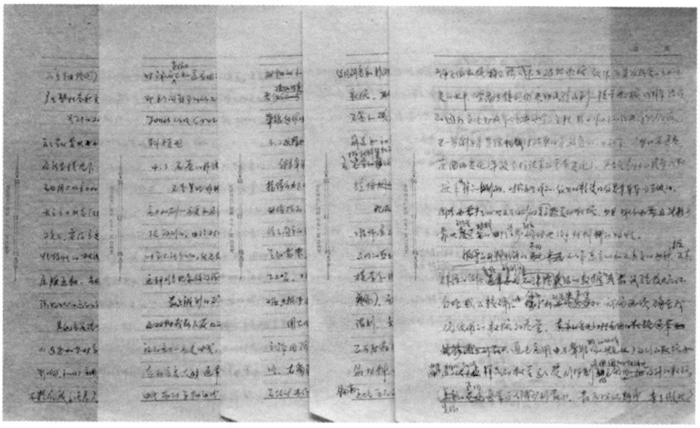

刘连元的研究手稿

息。型号下马了，但新型防热材料预研工作并没有停止。这时研制新型防热材料的外协单位有两支队伍。刘连元作为设计单位的主要成员，和这些外协单位进行了深入细致的合作和交流，并对这些单位的技术情况了然于心，经常在技术讨论的时候提出独到的建议，因此，合作单位的人员对他很佩服。经过几年努力，两支队伍都干出来了，刘连元及其研究团队选择了其中鉴定结果较好的一方，由其继续研制下去。

远程再入飞行器立项之后，新型防热材料又作为这个型号的再入飞行器局部防热材料，这样，新型防热材料预研工作有了型号经费的支持，研究工作顺利推进。

再入飞行器局部是受气动热、气动力作用最严重的部位，又是受大气中的雨滴、冰晶撞击最严重的部位，因而它的研制尤其重要。这时，在国防科工委、国家计委、国家科委的大力支持和帮助下，调动全国力量进行攻关。先是准备采用普通新型防热材料，试验证明达不到设计要求，刘连元便力推研究致密化复合工艺。在综合了材料性能、工艺周期、生产成本等诸多因素的基础上，终于确定了致密化新型防热材料作为再入飞行器局部防热材料的设计方案。

在研制舱体防热层的时候，模拟件需要手工制作，外协单位负责这项工作

刘连元（左二）参加气动防热讨论会

的人手不够，工作进度又催得紧，他们除了工作日努力外，还利用星期天加班加点地干。让外协单位几个年轻技术人员没想到的是，在这紧要关头，刘连元不是站在旁边催进度，而是星期天直接带上防热室几个设计员放弃休息来到加班现场，跟他们一起在工作台上动手制作防热套。

正因为刘连元长期跟他们这样亲密无间地合作，外协单位在技术上对他从不保留，他对新型防热材料，包括制造的工艺都很了解，有什么想法就直接跟外协单位沟通，一起努力把它实现。

就这样，刘连元和他的研究团队通过无数次地面烧蚀试验和深入分析，提出了新型防热材料化学烧蚀和气流冲刷产生的条件及定量分析方法，在国内率先提出了烧蚀外形、温度场和热应力计算方法。他们利用自行研制的试验设备，完成了新型防热材料高温结构性能试验等研究工作，还提出并完善了材料断裂准则。至此，他们成功解决了新型防热材料因表面高温产生很大热应力而导致“热裂”的问题，探明了材料的烧蚀机理，确定了热应力计算方法，完成了地面考核及评价，制定了材料性能指标及实现途径。刘连元及其研究团队作出了开创性贡献，首次实现了新型防热材料用于型号研制，实现了再入飞行器热防护技术的跨越，推动了国内新型防热材料及其复合材料的发展，使我国在此领域进入世界先进行列。

### 3. 预先研究促发展

现代战争中高科技武器的作用让世人瞩目。刘连元深受震动，他深切感受到，现代战争拼的就是科技，谁能领先一步，谁就占尽先机。从此，他把更多的精力投入到预先研究工作中。他参与了我国最早的机动再入飞行器预研项目，等于是第一次吃螃蟹，新问题、新技术层出不穷，其中几个重点攻关项目，研究所就负责半数以上，而这些项目又大多由防热室承担。

由于型号技术的发展，20 世纪 90 年代初，飞行器的速度进一步提高，飞行距离逐渐增大，对飞行器烧蚀防热设计的要求顿时提高许多，促使透波装置这个关键部件的防隔热问题成为急需解决的重大课题。

透波装置的作用相当于给飞行器的“眼睛”戴上一副“墨镜”，让它在极端高温下能够正常睁开“眼睛”观察环境，并把观察到的信息传回飞行器的“大脑”，以便“大脑”进行正常指挥。由于“眼睛”功能的特殊性，技术上对透波装置的要求比较“苛刻”，既要它能有效阻挡高温对“眼睛”的烧蚀，又要它不能挡住“眼睛”的视线，让“眼睛”能在安全的环境下正常工作。在他们研究之前，透波装置用得比较多的地方是飞机机头，而飞机飞行速度较低，飞行距离较近，与再入飞行器相比，如同一个行走在江南的毛毛细雨中，另一个则穿行在台风肆虐的重灾区，这就对再入飞行器透波装置的强度、耐烧蚀和隔热性能提出了更高的要求。

透波装置结构的可靠性关系到再入飞行器飞行的成败，其性能的优劣，关系到飞行精度。作用如此重要，又是国内第一次研制，身为课题技术负责人，刘连元又一次感觉到肩上沉甸甸的责任。

该预研由研究所抓总，多家外协单位参加。为了达到预研技术要求，到底选用什么材料合适呢？这是个难题。这项研究需要综合多种专业技术，研究所在防隔热和强度专业上具有明显优势，但在其他专业领域还缺乏研究，在这种条件下，研究团队只有依靠广泛查阅技术资料，借鉴已有的成功经验来进行研究。由于国外对相关技术资料严格控制，可借鉴的材料很有限，主要还得靠自己琢磨。经多方努力，刘连元及其研究团队初步确定了两个方案：一是热压烧结方案，一是新材料工艺方案。具体哪个方案好，还得进一步证实。

刘连元带领研究团队在防热室的燃气流防热试验系统上，对透波装置进行

刘连元在研讨会上发言

力、热载荷试验，看它能否同时承受两个载荷。起初，由于试验件由两种材质结合而成，高温一烧，粘接的地方就容易断开，反复试验多次，次次如此。大家绞尽脑汁，从改变粘合剂到改变粘接方法，一点点地试，改一次设计方案做几次试验，依然屡试屡败。正当大家一筹莫展的时候，刘连元来到试验现场，召集大家就地展开头脑风暴。他动员说："咱们不要拘泥于原来的思路，脑子就在材料上打转转，现在的任务就是要把两部分结合在一起，管它什么办法，只要能连在一起就行。咱们就把自己当成小学生，不管多出格的想法，即使你心里觉得说出来很可笑，也大胆地把它说出来，说不定谁脑子里的歪点子就有用呢？"他的话把年轻人都逗乐了，不过也着实让大家放松了心态，没有任何顾虑地思考技术问题。

为了攻克这一技术难关，无论是酷暑烈日，还是数九寒天，刘连元带领团队里的年轻人都猫在十几平方米的试验间里通宵达旦地做试验，用过的试验材料堆起来足足有一米多高。就这样，经过五年艰苦攻关，刘连元及其研究团队逐步确定了新材料工艺透波装置作为工程设计首选方式之一，解决了烧蚀和承力问题，完成了两种材料透波装置1：2中样生产及相关模拟试验，为后续研究指明了方向。

在预研开始时，研究所有防热、强度专业，唯独没有透波装置电性能设计专业，所以，研究所和两家外协单位联合设计，这两家单位有丰富的透波装置设计工作经验，而研究所的优势在防热设计和结构强度设计上，通过合作，刘连元带领研究团队学到了很多经验，这样，就把透波电性能设计专业建立起来了，还在防热室成立了透波装置研究设计组，刘连元为研究所透波装置电性能设计专业建设打下了基础，促成了透波装置电性能设计专业的成长。

另一个预研课题也是在极其困难的条件下完成的。控制舵是为飞行器提供控制力的部件，在飞行器飞行过程中，控制舵周围的流场十分复杂，它将受到很强的气动加热，其防热性能直接关系到再入飞行器飞行的成败，由此，对控制舵采取合理、可靠的防热设计是再入飞行器研制的关键技术之一。

控制舵局部防热技术的难点是确定控制舵的气动热环境。它的加入，犹如在平静的水流中放置了一块突出的岩石，使得水流容易在岩石周围形成回流或者漩涡，导致飞行器在飞行过程中的气动热环境更加复杂。因为，在面与面相交的地方有流场干扰，这个地方的流场会非常复杂，气动热环境计算和理论建模都比较困难，大部分只能靠地面试验。

由于控制舵的外形尺寸大且结构复杂，流场的三维效应又极其明显，给防热设计带来很大困难。刘连元一边组织人力进行地面试验，一边邀请国内相关的研究院、所专家召开研讨会，把专家们的建议直接应用到试验中进行验证，这样反复多次，大家根据试验结果进行分析、讨论，各抒己见，充分交流，最后确定了控制舵热环境的工程算法。

由于控制舵的气动热环境流场计算本身比较困难，且当时国内 CFD（计算流体动力学）技术水平有限，另外，热传导系数和温度、压力等都相关，从流场再转化到加热又很复杂，所以，从理论上把它算准是很难的。刘连元通过查阅文献，吸收美国航天飞机的设计经验，又和外协单位的专家共同讨论，决定采用“可用于工程设计”的计算方法，主攻一点，带动其他，制定了控制舵气动热环境流场计算模式。

研究过程中，大家在烧蚀计算方法上产生了分歧，刘连元并没有认为自己经验丰富就不考虑别人的意见，而是组织团队讨论，充分听取各方意见，权衡利弊，才主张热环境比较复杂的部位采用烧蚀计算结果较大的方法来设计，虽然从工程设计上偏保守一点，但可靠一些。毕竟这项技术是第一次尝试，他认为应该走稳一点，把风险降低。

设计完成后，刘连元又组织研究团队用燃气流和电弧加热器对控制舵做了大量的热环境地面试验，来验证设计方案的可行性。这时，国内还没有能对控制舵这种复杂外形结构进行防隔热考核的设备，刘连元便自力更生，带着研究团队经过反复攻关，专门设计了一个试验方法，就在防热室的燃气流试验设备上完成了考核试验。

经过四年艰苦努力，刘连元带领研究团队终于在理论研究和试验研究上取得了突破性进展，积累了再入飞行器防热研究的宝贵经验，为该项预研成果转入型号设计打下了坚实基础。

在预研课题的研究中，刘连元思想开放，大胆放手让团队中的年轻人去一线攻关，他则把握大方向，具体的细节交给谁干就让谁负责，自己不会管得过细。这种管理模式能把年轻人的积极性调动起来，对培养年轻技术骨干也很有帮助。因此，防热室一批又一批的年轻人逐渐成长起来，技术上得到了传承，核心技术始终牢固掌握在自己手中，在行业内形成了独领风骚的竞争力。

刘连元喜欢钻研，大胆创新，潜意识里似乎总在琢磨专业技术，经常是下班回到家，忽然想起什么，说一句“我出去一下”，拔腿就走。家里人还以为他顶多半个小时就回来，谁知一家人左等右等也等不到他回来吃饭，结果他又返回单位研究技术问题去了。时间长了，夫人甄淑芬便知道，他这出去“一下”

总得有几个小时，有时甚至到半夜才会回来。这样，每次他突然出门，甄淑芬便会给他塞两个面包充饥。

多年来他养成一个习惯，无论多忙，每天都要抽出一个小时的时间查阅最新的外文资料，掌握国际同行的发展进程，分析自身技术的发展方向。这个习惯为他开展预研课题的选题、论证提供了有力支持。他重视预研，而且身体力行，无论是在担任工程组长，还是担任研究室主任，乃至担任型号副总师的时候，他都会亲自拟定预研课题，全程参与课题的论证、立项以及后续研究的各个环节。早在“七五”期间，他就先后担任四个重点预研课题组组长，在科技攻关中取得了重大突破。

因为重视，他似乎随时随地脑子里都有一根技术创新的弦，时时处处都在思考问题。有时候夫妻俩相约一起下班回家，两人正闲聊呢，他突然不说话了，甄淑芬知道，又有一个想法突然冒了出来，他正琢磨呢。有时走到半路碰到室里的同事，他会把人叫住站在那儿讨论问题。甄淑芬以为他会说一会儿，便自己先回家做饭。谁知，饭做好了等好久也不见他回来，原来，他又拽上同事返回所里做研究去了。

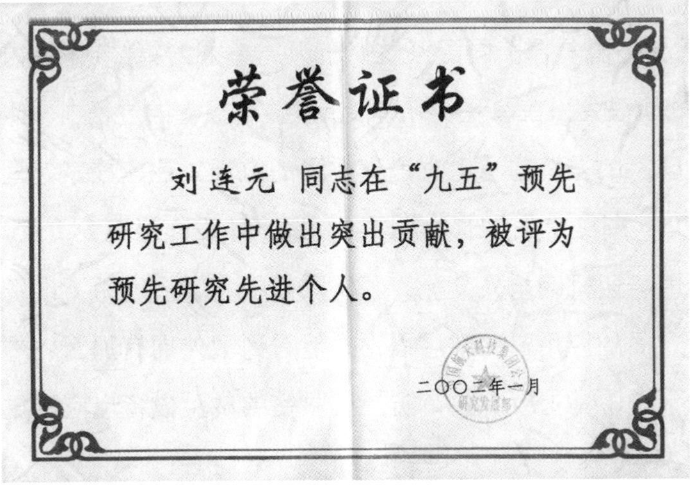
荣誉证书

刘连元 同志在“九五”预先研究工作中做出突出贡献，被评为预先研究先进个人。

二〇〇二年一月

刘连元获得预先研究先进个人证书

多年在技术上的孜孜追求、刻苦攻关，他逐步成长为一个理论扎实、技术全面、眼界开阔的专业带头人。他的所思所想已经不仅仅局限在眼前的问题，或者某个分系统的改进，而是既高瞻远瞩地看到专业发展的大方向、大趋势，又脚踏实地地沿着发展方向着手一个个具体的技术革新，一步一个脚印地取得突破。为此，他在“七五”“八五”和“九五”预研工作中均取得突出成绩，其中，“七五”和“九五”期间还分别被评为院和集团公司级预先研究先进个人。

正因为研究所（包括刘连元和他的室研究团队）在预研上取得了丰硕的成果，中国航天工业总公司对研究所的预研工作给予很大支持，在九五计划时，将研究所的再入飞行器技术预研工作列入了总装备部的研制项目。

### 4. 基础建设试验室

研究所防热室有个特点，它的研究试验非常重要。因此，刘连元对试验工作很重视，不管是外协试验还是所内自己做试验，他都会在一线，对试验细节了如指掌，具体指导工作。如果有不安全因素，或者临时出什么状况，他都能组织解决。在他的领导下，防热室不论是技术攻关还是试验设施攻关都随着事业的发展，不断进步。

1985 年 6 月，刘连元赴美国参加美国国家航空航天局举办的第 20 届热物理会议。这次出国对他的触动很大，在参观、访问和听取技术报告的过程中，他直观地看到了我国与发达国家的差距，马上意识到我国的航天工业应该奋起直追，下大力气做好基础研究，夯实专业基础，为国防和经济建设作出更大贡献。于是，在会议期间，他利用一切机会与人交流，了解国外技术发展水平、设备测试技术及热物理在民用方面的应用。参观过程中，他看到国外拥有那么先进的试验设施和尖端的技术水平，马上就想到，防热试验室的试验设备也应该更新换代了，不然很难促进型号技术发展。

1985年6月，刘连元（左）在美国参加第20届热物理会议时留影

回国后，他便积极倡议要在试验室研发口径更大、功率更大的防热试验系统，以适应未来型号发展的需要。

无论国内国外，燃气流防热试验系统都是用于再入飞行器及各类航天器再入防热研究的重要专用设备。研究所用于防热试验的燃气流防热试验系统是 20 世纪 60 年代初开始建设并投入使用的，当时型号的射程较近，试验功率不需要太大。随着射程的不断增大，该系统的主机功率小，已经不能满足试验要求了。1979 年，防热试验室就开始研制大功率燃气流防热试验系统，以满足不断发展的技术需求。

研制工作进展很不顺利，总是碰到这样那样解决不了的问题。

防热研究对流场有特殊要求，必须有尽可能高的热值，良好的流场品质，良好的可重复性和稳定性，能够提供各类流场参数，设备还必须能长期多次使用。这样，就要求主机能够提供高热量、各向均匀性良好、控制精度高的燃气流。为了满足这些特殊要求，作为技术提升的试验系统就不能完全照搬以前的设计规范，而要有所创新。

起初碰到许多技术难题解决不了，加之与其配套的型号下马了，研制工作一直没有太大的进展。这时，型号任务减少，导致试验室的试验项目特别少，人浮于事，一些人就待不住了，想方设法要调出试验室。刘连元心想，设计单位不能没有自己的技术手段，如果什么事都发个任务书交给别人干，自己的技术怎能得到发展？自己发展不起来，又怎么能留得住人才？于是，他便积极推动试验系统的研制，要求加快速度做好设计工作。

很快到了1987年，情况有了转机，为满足远程再入飞行器预研工作需要，研究所将研制中的大功率试验系统定为新型防热材料防热方案研究的专用设备，后来又将其列为远程再入飞行器型号的配套项目，研究进度顿时紧张起来。

负责设计的田华犯难了，几个重大难点攻克不了，型号进度又催得紧，急得设计员头皮都发麻，每天心里琢磨的都是主机的事。他们小组在研究中发现，要使发动机喷出的火焰能够包得住增大的试验件，不是简单地增大喷管口径就能达到的，往往热试车不到两秒钟，喷管的喉部就被严重烧蚀，喷雾器壁面就被烧穿。刘连元经常过来询问工作进展，帮他们一起出主意。室主任的关注和重视使研究小组信心倍增，他们查资料、想办法，不断试验、反复琢磨，终于发现喷管被烧毁是由流场不均匀所致。以前的发动机追求的主要技术指标是推力和比推力，对均匀性要求不高，为了使喷管不被烧毁，采用了多种内冷却措施，造成流场边缘的混合比不合理、温度过低等缺陷。

经过不断研究，他们发现第一次设计的喷雾器有个明显的缺陷：在沿燃烧室壁面的环中，燃气回流较强，容易造成喷雾器壁面被烧穿。经过不断探索，他们改进了喷雾器的设计，以保证燃烧组元充分雾化、混合并燃烧，保证了发动机喷管出口能够获得各向均匀性好的燃气流场。

喷雾器的问题解决了，喷管的问题又出来了。由于喷雾器取消了内冷却，喷管就必须独立承受大得多的热流载荷。这样，喷管的选材、壁厚、冷却道形式，冷却水压力、流量等一系列参数必须搭配合理，有一项发生较大偏差就会出现喷管被烧穿的问题。他们用低碳钢喷管做了低压状态试验，发现喷管的喉道部分已经出现烧蚀现象，证明在低压条件下，钢质喷管已经使用到极限，要达到额定压力，就必须更换材质。于是，他们开始研制新材料喷管，这在国内还是首例，没有前车可鉴。经过多方收集资料、理论计算、反复试验，终于研制成功了。新喷管换热面积大、刚性好，能同时承受强度载荷和极高的热流载荷。研制小组在额定压力下进行了数十次热试车，其中最长的工作时间延长到了 20 秒，喷管都没有发生异常现象，他们这才判定新喷管研制成功了，小组成员兴奋异常，刘连元也及时给他们以赞许和鼓励。

早在 1976 年参加院里举办的计算机培训班的时候，刘连元就超前意识到计算机有广阔的应用前景，应该及早把它引进到型号研制中。作为室主任，他对室的工作有了全面了解之后，发现燃气流试验室的电控台是电器组合式，控制精度及功能扩展性都很差。他想，如果能用计算机控制，不但能提高测量参数的精度，而且能大大降低人工成本，提高工作效率。于是，他便向所里提出要把计算机应用到燃气流试验室发动机参数和流场参数的测量上，开发出现代化的电控台。当时，计算机的应用在国内刚刚起步，他的这一提议，使防热室采购了全所第一台电子计算机。

因为计算机是新事物，他便把这项工作交给了刚刚大学毕业不久的小胡负责。当时防热室有个热应力课题，与上海一家高校热应力试验室合作。因为高校在计算机应用上比工业部门领先一步，所以刘连元就请高校热应力试验室帮忙把计算机应用到发动机参数和流场参数的测量上，并且派小胡去跟踪学习。小胡在上海一待就是5个月，一边学习一边参与该校试验室的工作。在高校的帮助下，防热室建成了第一套发动机参数和流场参数的计算机测试系统，使发动机的电控台一步到位实现了现代化。新的电控台有很高的抗干扰能力，一次试车后就能马上得到参数，为下次试车提供调试依据，有效地提高了发动机的控制精度和工作效率。而且它的功能扩展余地很大，为以后深入开展防热试验研究打下了技术基础。

电控台实现现代化以后，刘连元又给他们出了一个新的题目：改进流场测试系统。因为防热研究是在流场中进行的，发动机点火后温度很高，燃气流场是高温、高速、高压、高噪声环境，驻点热流很难测量。加上所用的测量传感器相当一部分是非标准的，需要自行设计并探索它的使用规范，对于直接在流场中工作的传感器模型及支架还要有一套可靠的热防护措施，还要对小讯号有可靠的抗干扰措施，技术条件苛刻，实现起来非常困难。负责这项工作的小胡和陈镜辉两人做了许多摸索，想测量出数据，但效果一直不好，出来的一堆数据波动特别大，乱七八糟的，不知道是什么数据，没法判读。

这时，刘连元了解到一家外协单位研制了一种零点量热计，便把这个信息带回来，让防热试验组[①]买了几个零点量热计，用在流场测试系统上，可发现还是不行。恰逢910工程有个会在这家外协单位召开，本来没有防热试验组的事，但刘连元特意让小胡去参加，主要目的就是向专家请教模型材料的问题。专家说模型一定要和零点量热计的塞子是同种材料，两者之间不能产生温度梯度。

防热试验组把模型材料更换后，测试结果特别好，得到的数据可信了，大家非常高兴，都说如果没有主任的信息支持，光靠自己摸索，接触面窄，信息少，很难实现技术突破。

刘连元就是这样，对外接触面广，随时了解一些新技术、新手段，主动联想到试验室的实际应用，对有潜力的技术及方法及时引进，以促进试验室的稳步发展。

### 5. 科研生产兼人文

燃气流防热试验系统是高温、高压、高噪声的设备，20世纪60年代初刚刚建设的时候，左邻右舍都不欢迎。考虑到安全问题，设计人员认为不能把它建在设计大楼之间，大家跑遍了院里的犄角旮旯，最后才在九号厂房南边发现了飞机窝（日军占领时期修建的飞机掩体的俗称）地堡库。这里地处偏僻，周围除了空地，只有零星的几处小平房，也没什么人往这边走，把试验室建在这里，相对比较安全。

---

①防热室成立后，组建了三个班组，由原防热试验室的工作人员组成“防热试验组”。

最初试验室试车间是敞开式的，只有一个顶棚，主机的启动方式是炮式启动。因此，做试验时声音是爆炸性的，噪声达到 150 分贝以上，冷不丁地来这么一下，很吓人。灼热的试验碎片能飞上百米远，有可能点燃周围的易燃物品，所以，做试验之前，地堡库外面的小马路上需要停一辆消防车，随时准备灭火。试验室周围荒草丛生，大家开玩笑说："防热试验室做试验，一声响能崩出八只兔子来。"

后来，试验室建了几间小平房，试验系统由屋外搬到了屋内，火灾问题缓解了，但噪声依旧。随着一院的发展，各种建筑物如雨后春笋般拔地而起，试验室门前的小马路变成了一条主干道，人来人往，络绎不绝。一做试验，突如其来的爆炸声会把人吓一大跳，甚至发生过骑自行车路过的人从车上摔下来的事情。这时，试验室的工作量比以前明显增多，每年的试验多达 500 次左右。因此，大家对噪声污染怨声载道，尤其是与试验室相邻的办公楼进驻人员以后，抗议声更是不绝于耳。由于所里职业健康安全工作由科技处负责，在试验室做试验的时候，他们便把电话打到科技处，举着电话让对方听试验的声音，抗议道："我们就是在这样的环境里工作的！"甚至有员工都说要"罢工"了。

科技处便向防热室反映，刘连元隔三差五就要接到这样的电话。为了降低噪声，刘连元先是让试验室人员用泡沫塑料做了试车间房门的密封垫，情况好多了，但还是有人提意见。试验不能不做，人文关怀也同样重要，职工的健康问题不能不考虑，但是要解决这个问题，防热室自己没有这么多资金，思来想去，刘连元决定向所里求助，积极呼吁研究所进行试验室改造，以彻底解决噪声污染问题。

在刘连元的努力下，各级领导和职能部门逐渐对这件事情重视起来。所里安排防热室为主组织技术调研和初步方案论证。由于噪声和试验排出的气流关系非常密切，气流在封闭的空间里出不去，会使声音更大，于是，刘连元给大家出了个题：气流在屋里旋转，力度有多大，怎么把它引出去？又带领试验室人员在北京、辽宁、山西、贵州等地，调研了多家单位的相关设施。初步方案论证于 1994 年完成。改造方案与试验室的发展规划一同进行，防热试验室原有两台小的主机，规划中再建一台大功率主机。试车间设计成工字形，北边为两台旧主机试车工位，南边设新主机试车工位，共用的排气消音塔放在中间。整个工程投资 200 多万元，于 1998 年 3 月竣工。

消音塔投入使用后，经院和北京市环保部门测试，达到了国家标准。从此以后，再也没有人投诉了，外单位不知情的人还说："这个试验室终于搬迁了！"

# 刘连元

刘连元院士传记

Academician Liu Lianyuan's Biography

第九章

# 转变思路 军民结合增效益

20世纪80年代，我国工作重心转移到经济建设，中央号召军民结合，以民养军，更好地为国民经济建设服务。刘连元带领防热室员工积极开发民品项目并获得成功。

### 1. 发展民品创效益

粉碎“四人帮”以后，中央号召军民结合，以民养军。研究所也像其他企业一样开始给职工发奖金，虽然额度很小，只有三五块钱，但它是按劳分配，多劳多得，有力地调动了职工的工作积极性。

1983 年 8 月 25 日，国家计委、国家经委和国防科工委联合召开军民结合发展民品工作会议，要求实现五个转变：“在服务方向上，由单纯为国防建设服务转向为国民经济建设和四个现代化服务；在产品结构上，由单一军品生产转向为军民结合的多品种生产，亦军亦民，学会两套本领；在企业性质上，由单纯的科研生产型转向科研生产经营型；在生产布局上，由‘大而全’‘小而全’转向专业化大协作，军民结合的经济联合体；在经营作风上，由官商、坐商转向放下架子、走出院子，大兴调查研究之风，服务上门。”

一院各单位落实会议精神，积极倡导军民结合、亦军亦民的思想，鼓励搞活经济，发展民品。管理放开了，也给管理者提出了一系列新的问题：大批下乡知识青年返城成为待业青年，社会力量无法消化这么多城市剩余劳动力，他们的安置就成了大问题；长期靠国家计划干军品，摸不准市场，即使放下了架子，走出了院子，民品项目还是难找，有的尝试还碰到了意想不到的困难。

1984 年 11 月，在军委座谈会上，邓小平做出了“世界大战十几年内打不起来”的惊人论断，使我国走上了和平时期建军的轨道。此后，中国进行了百万大裁军。

12 月，航天部召开工作会，传达了中央领导同志的多次讲话精神，并要求落实中央精神，建立军民结合型体制，贯彻军民结合方针，军工部门在今后 10 至 15 年内，要以民为主，更好地为国民经济建设服务，同时集中力量研制高质量精良武器。因此，国防工业领域改变了以前全面开花、各个突破的工作思路，要求缩短战线，集中优势力量研制尖端武器。于是，型号任务一再压缩，职工没有活干，上班打扑克、溜号，单位面临生存问题。因此，一院提出，向民品要效益，大力发展军转民项目。一时间，各单位民品项目如雨后春笋般涌现出来，真有点“村村点火，户户冒烟”的局面，谁有点子、有想法都可以试一试。

研究所在全所动员，大力发展民品产业，优先安置返城青年，并制定了优惠的鼓励政策，改革分配制度，不搞全所统一标准，以研究室为单位，谁的民品创效益，谁的奖金就发得多。这样的政策大大激发了职工的工作积极性，纷纷建言献策，陆陆续续有研究室结合本室的专业开发出天线、烟机等民品项目，成立民品队伍，把闲余人员集合起来搞创收。

防热室的防热技术专业化太强，就是为飞行器高速再入这种特殊的使用环境设置的，别的地方用不上，很难从专业上牵引出民品项目。但当时全室员工的奖金福利有很大部分完全是靠研究室自己解决的。怎么办？刘连元刚刚担任室主任就要解决这个棘手的问题。

他发动群众集思广益，大家都开动脑筋，总会有办法的。于是，他召开全室大会进行动员，引导大家：既然国家给了我们自谋福利的政策，就不要把思路局限在本专业上，要拿出开拓进取的勇气，像邓小平同志说的那样，“不管白

1985年，刘连元（后排右一）与同事在青岛

猫黑猫，抓住老鼠就是好猫”。不论项目大小、收益多寡、有技术含量还是没技术含量，只要能创收，就放手去干。为此他还特意找具有一定开发创新能力的职工谈话，鼓励他们走出去找项目，并针对积极找项目、承担项目的同志制定了室里的奖励政策。

刘连元引导大家这么去思考，自己也身体力行。他外出开会，和航空企业的人有过接触，便安排职工开发出了飞机上的加温元件；所里组织新入所的返城知青做冰棍，他就让研究温控的职工去负责冰柜的保温工作。他认为，无论事情大小，只要让职工上班时有活干，不会闲着去打扑克消磨时间，就是好的开端。

室里有位年轻职工小缪得到一个信息，北京市京良大桥需要建一个收费站，这是全国第一个公路收费设施，没有可参考的样本。不过，小缪有个同学提供了一张国外公路收费站的图片，可以照葫芦画瓢。刘连元问他这个收费站需要做哪些工作，有没有困难。他说主要是两部分，一是要做几个小房子安排收费员的工位，另外是不能靠人工收费，需要编软件开发计算机收费系统。小房子好办，找工人照着图片用铁板焊接就行，困难的是要编软件。刘连元问他有多大把握，他说去中关村那边调研了，目前还没有这方面的软件，只能自己编，买书学习学习，大概有百分之五十的把握。刘连元想了想，便支持他大胆去干。

其实，小缪得到这个消息时特别想干，但自己不是学计算机专业的，对计算机软件不熟，心里确实没底。现在，当他看到主任这么相信自己，顿时信心倍增，二话没说就答应了。在接下来的三个多月里，他没白天没黑夜地连轴转，现学现做，终于把收费系统完成了。干完那天，一下子轻松下来，小缪足足睡了一天一夜。

经过一段时间的摸索，防热室的民品开发进入了稳定的发展阶段，但是受到自身专业的限制，只能是找到什么能干的项目就干什么，室里的奖金水平偏低且不稳定。我国军工技术开始进入发展期，为了能够更好地利用室里技术人员多、专业特点显著的特色资源，刘连元又把视线放在了室里的技术发展层面，积极争取做一些与专业技术相关的民品项目。这样既可以保证室里创收，又可以保持室里成型的专业队伍。为此，成立了一个技术服务部，在国家政策允许的情况下提供一些技术咨询和设计服务，如数值计算、试验方法研究等。技术服务部的工作能发挥技术人员的特长，附加值高，又不需要前期资金的投入，比较灵活，收放自如。技术服务部的工作拓展得不错，和上海、四川等地都有业务来往。这样一来，既发挥了全室职工开发民品的工作积极性和专业特长，同时也使得防热室的职工奖金收入在所里长时间名列前茅。

这时，刘连元在研究所是比较年轻的室领导，进取心强，有闯劲，又不失稳健，防热室在保证军品科研生产按时完成的同时，民品工作也渐入佳境。

### 2. 首战水泵自动化

防热室的民品项目虽然陆陆续续做了许多，但都不算大，经费一般两三万元，多的也就十几万元。刘连元又琢磨了，怎么样才能把技术和收益有机结合起来，让知识转化成更大的效益呢?

就在这时，他从一位同事那里得到一个信息：南京市六合县的一个深井水泵厂需要进行技术革新，把水泵检测数据由繁琐、落后的人工采集变成自动化采集。如果能拿下这个项目，就有几十万元的产值，当时在研究所都算得上是个大项目。他马上想到了计算机的应用。两年前，防热室的防热试验室就和上海交大合作，成功开发了燃气流试验的数据自动化采集系统，对该项目应该有一定的借鉴意义。不过，困难的是，防热室只是那个系统的用户方，系统搭建和软件编程都是上海交大完成的，防热室的职工只会应用，还没有建设自动化系统的经验。这时，用计算机进行数据采集和测试在国内还不多见，一些传感器、数据采集板在国内也还刚刚起步，防热室还没有专门学计算机专业的职工，有人能够独立完成这个系统吗?

他在心里把室里三十多个职工一个个梳理了一遍，一个人名浮现出来——孙洪森。这位职工刚从外地调过来不久，在调动之前刘连元就知道，他做过不少软件方面的工作，相对来说，他对计算机比防热室其他人要熟悉一些。于是，他便把这件事做为一个课题在室里提出来，建议大家调研一下，看能不能干。

果然，孙洪森所在的班组对这个事情进行了调研，刘连元听完孙洪森的汇报，问:“你有多少把握? ”孙洪森说:“百分之六十吧。”刘连元心想，对方已经不是一个毛头小伙子了，说话应该留有一定的余地，没有百分之八十的希望他不会说百分之六十。于是，他当即拍板:“行，我们干。”

这样，防热室成立了水泵自动化项目组和深井水泵厂合作，承担这个项目。

项目启动后，首先要配备硬件设施，最主要的是得有一台微型电子计算机。这时，市面上刚刚有IBM-386型微机，但奇贵无比，合八九万元一台，而IBM-286的机型则便宜许多。用IBM-286的微机处理数据也可以，只是速度比不上IBM-386。买哪个合适呢？孙洪森去请示主任，刘连元说："计算机的更新换代是大势所趋，IBM-286面市没几年就有了替代产品，既然帮别人做技术革新，还是用最先进的吧。"于是，项目组花最大的一笔经费买了一台IBM-386型微机做数据采集终端。

这毕竟是防热室当时最大的一个民品项目，刘连元把它交给项目组以后还是有些不放心，每次技术协调他都要参加，了解情况，提出建议。

孙洪森在北京完成了编程工作，便经常去南京进行现场测试，历时几个月。刘连元见工作量大，又派了做事认真、细致的年轻人小胡去协助他，一来让他有个帮手，二来也可以锻炼一下年轻人，创造条件让她从中学到一些知识，积累实践经验。

1986年夏天，孙洪森和小胡两人常驻南京六合县，在水泵厂做测试，检验数据采集系统的效果，对不合适的地方作进一步修改。刘连元则时不时地过去看一下他们的工作进展，帮他们解决一些实际困难。

孙洪森负责计算机调试，小胡帮着做测试的试验和配置采集数据所必需的传感器。所需的传感器在国内还刚刚起步，当地的市场上很难买到，于是项目组去上海、下云南、上贵州、到湖南，可是跑了小半个中国，都没把传感器配齐。因为是深井水泵，要在水下测量它的转速，就必须配置特殊的传感器，市面上没有。他们就查资料，自己琢磨，买来漆包线、电磁铁，自己绕线圈做传感器，再想办法把它固定到电机上。

紧赶慢赶，孙洪森和小胡终于在中秋节前把所有测试工作完成了，试验证明，他们设计的水泵自动化数据采集系统完全可行。

至此，这个对防热室来说具有重要意义的民品项目圆满完成了，全室职工非常振奋，他们坚信，即使抛开熟悉的防热技术，他们也能做出好的民品项目。

# 刘连元

刘连元院士传记

Academician Liu Lianyuan's Biography

第十章

# 瞄准前沿 能力建设固基础

刘连元认为，基础设施建设关系到一个研究所的定位，航天技术要发展，离不开先进的试验手段，为此，他在实践中大力提升研究所的试验设施建设。

1. 试验系统需改进

为了满足再入飞行器轻质化的要求，防热研究需要有大尺寸、大功率的热环境地面模拟设备。当时国内试验单位的电弧加热器受技术限制，功率一直较小，远达不到型号试验要求。要想开展试验，只能借助于类似火箭发动机产生的高温气流，虽然一院建设有火箭发动机试车台，但这得在别的单位做试验的时候搭车进行，必须协调主试验方的时间，通常要经过反复协调才能敲定。更重要的缺陷还在于，研究所的热环境地面模拟试验需要的一个最重要条件——高温气流流场状态，还无法做到自主调节和控制。刘连元越来越急迫地感觉到，自己有个大功率模拟试验设备该多好，既省钱又方便。于是，他安排防热室防热试验组的陈镜辉做个调研，看看建一个大型试验设备是否可行。

陈镜辉调研发现，一家外协研究所建成了一个燃烧风洞，火焰面积大，但燃烧温度不够高。防热室之前建成的燃气流试验系统燃烧温度够高，但火焰面积小，做材料考核性能试验还行，难以满足模拟件的试验需求。因为有时需要考核几个组件结合在一起的受热情况，如果火焰面积小，有的地方烧不到，就没法考核。

刘连元综合陈镜辉的调研情况分析：这时，国内还没有一家单位具有能够满足大尺寸、大功率要求的热环境地面模拟设备，而型号研制又急需这样的设备，即便再难，自己也有责任进行这个设备的建设工作。

于是，他组织防热试验组进行方案策划，由陈镜辉牵头。陈镜辉想，模型增大后，要让火焰把整个模型包住，就需要试验气流比较均匀，一般的锥形喷管做不到，必须加大喷管的口径，而且要设计成特殊型面喷管，这样，气流不会产生激波，比较均匀，能够模拟天上的情况。

这时，正好在外协单位有个技术交流会，刘连元便安排陈镜辉在会上介绍了这个策划方案，得到了一些专家的认可。会后，刘连元马上组织这个大型试验设备建设的筹备工作。

就这样，防热室开展了新的燃气流防热试验系统研制。整个系统主要由主机、供应系统、控制系统、测量系统、监视系统、点火装置和试验模型送进系统七部分组成。

由于研制经费非常紧张，把整个系统外包无法实现，刘连元便想了个办法，把试验系统拆分开来，自力更生，自己能做的就自己做，自己做不了的再找外协单位研制，把钱用在刀刃上，能节约一大笔开支。

主机是试验系统的核心部分，技术难度大，加上资金不足，协商时，有合作意向的单位不是技术达不到要求，就是要价太高，所以一直没有找到合适的合作单位。系统的其他部分自主研制工作都已经有条不紊地展开，唯独主机迟迟没有着落，刘连元很是着急。三年以后，情况才有了转机。刘连元获悉一所大学有个试验用主机，虽然不是按照防热室的要求做的，但稍微改造一下，也许能够满足要求。这时，刘连元正好与这所大学的教授一同参加一个会议，双方一拍即合，都希望共同合作。回京后，刘连元马上要求防热试验组做好与他们协商的准备。

第一次协商合作事宜，刘连元一开始就坦诚地说："这个项目我们经费很少，你们要多少钱？"对方也以诚相待，说要25万元。刘连元马上答应，说："咱就不讨价还价了，就25万元吧。"他们都没想到，双方的谈判竟然以如此简单的方式完成了。

在对方研制主机的过程中，刘连元会不时地带领防热试验组人员去了解他们的进展，看他们的生产、安装情况，参加他们的试验。后来他发现，要达到技术要求确实比较困难，流场的均匀性、点火的同步性、多次重复使用等要求都很难实现。眼看着25万元的研制经费用完了，主机还没有做出来，刘连元见他们确实有难处，没说什么，就又给他们追加了经费。正是因为合作双方都以诚相待，在长达5年的攻关过程中，双方从来没有出现推诿扯皮的事情，并且用极少的经费研制出了符合技术要求的主机。

功率上百兆瓦的主机研制成功的时候，刘连元已经离开防热室担任型号副总师，但他依然关注并指导燃气流防热试验系统的研制工作，他带领防热室相关人员去查验他们的试车点火情况。按照研制方案，主机应该达到燃烧室压力为15兆帕，试车时间持续45秒的要求，由于大学试验条件所限，他们只能完成9兆帕9秒的试验。这次点火试验很成功，火焰面积也非常理想。大家都非常高兴，但刘连元心里还是有一个小小的隐忧：毕竟15兆帕45秒的热环境要比9兆帕9秒恶劣得多，这个主机能达到技术要求吗？在那里又没有条件进行考核，只能回到所里再验证了。

于是，研究所从这所大学订购了6台主机，每台售价10万元。经过半年的安装和冷试，一切准备就绪，所有参与研制的人员都盼望着检验它的首次热试车调试试验。为了早点看到结果，防热试验组和大学研制人员加班加点进行试验前的准备工作，连五一节都不休息，第一次热试车时间就定在5月1日的晚上。

因为这套试验系统已经被确定为远程再入飞行器的试验验证设备，而此时正值远程再入飞行器预研结束准备演示验证期间，用它做的考核试验结果将作为该型号转阶段的重要标志之一，在这个关键时刻，它的成败显得尤为重要。因此，所领导极为重视，这天晚上也来到试验室观看试验情况。

谁知，这台主机却给大家当头浇了一盆冷水——随着“砰”的一声巨响，第一次试车就发生了爆燃，主机连同各种管路系统被烧得支离破碎、面目全非。

身为远程再入飞行器的型号副总师，刘连元看到眼前的情况，想到型号进度的紧张，心里非常着急，但他并没有表露出来，反而安慰大家，一项新技术从攻关到成熟总是很困难的，需要有个过程，不要气馁，出问题不可怕，想办法解决它就是了。

好在事先订购了6台主机，只要把管路系统恢复就可以再次调试。防热试验组立刻着手恢复工作。一个多月后，再次进行调试试验。为了把握大一些，这次调试，刘连元提出从易到难，先将主机工作时间设定为9秒，如果成功了，再延长到45秒。

6月6日，9秒钟15兆帕的调试试验一举成功，紧接着，刘连元又安排调试试验和型号考核试验同步进行。根据考核试验的要求，试验时间从3秒钟延长到9秒，再到15秒，都成功了，相应的考核试验效果也很好。这时，刘连元才要求他们做 45 秒的考核试验，这次试验同样也获得了圆满成功。

这台主机在 1 个多月里，前后进行了 7 次点火试车，均运转正常。当大家都以为试验系统稳定了、研制成功了的时候，7 月 29 日晚间，一声巨响传来，45 秒的另一项考核试验宣告失败，研制人员的情绪又从成功的巅峰跌入了失败的低谷。

此后一年多，这个试验系统仿佛陷入了死循环，每次都是尽心尽力地去做工作，好不容易花几个月把烧毁的系统恢复，一做 45 秒试车，又发生爆燃，系统再次被烧毁。眼看着主机一台一台地减少，一台就要花费 10 万元，所领导压力很大，担心损失太大，承受不起，又担心屡屡发生爆燃会引起火灾。那段时间，防热室领导和防热试验组的压力非常大。这时，刘连元已经离开防热室担任了某型号副总设计师，不但肩负着经费的压力、安全的压力，还有重中之重的型号研制进度的压力，他比谁都着急，经常到现场去看工作进展，帮助他们解决问题，但他从不给研制人员施加压力，总是笑着安慰大家："没事，咱们失败一次就总结一次，我看，离成功不远了。"

大家都知道，试验系统点火的时序非常重要，如果煤油进早了，主机里面会积油，点火就会发生爆燃，使燃烧室压力过高，瞬时产生压力峰值，造成主机烧毁。如果煤油进晚了，发动机里的氧气浓度偏高，又会产生氧化、气体回流等现象，造成喷雾器烧毁。管路大小不一样，喷注器结构不一样，阀门打开的速度不一样，都会产生不同的时序。为了解决时序问题，防热试验组还向所外的专家请教，专家也说："这没有别的办法，只能靠你们自己去摸索。"

为了摸索出可靠的时序，陈镜辉就用 3 兆帕的试验结果和 15 兆帕的结果进行比对，看每一个时间间隔里，主机里面的情况怎样、压力如何，一帧一帧地拿成功的图片和失败的图片进行比对，每天就是看图，看测量曲线，就这样比对、研究了两三个月，终于提出了自己的时序。

主机连续出问题，找不到原因，一发生爆燃，数据都没了。刘连元的学生、刚上任的防热室主任非常着急，受刘连元言传身教的影响，继承了老师吃苦耐劳的精神。这时他同时还承担着远程再入飞行器型号研制的主要设计任务，经常要在晚上去外协单位做试验，半夜试验做完了也不回家，而是直接到试验室去看数据、编程序。本来他对这套系统并不熟悉，只好花大量的时间去摸索，时常一个人在那里调试程序到深夜。为了把损失降到最小，他想了个办法，编制了一个非正常关机的程序，一出问题马上自动关机，只会烧了喷雾器，其他设备不会损坏。

非正常关机程序编制出来以后，大家觉得问题解决了，决定试一次。9 月 30 日，防热试验组整整加班一晚上，就是为了凌晨点火试一下，他们以为准备得很充分，感觉点了这一次，国庆节就能过好了，还请了刘连元来观战。结果凌晨 4 点钟一点火，又失败了！

大家沮丧极了，一个个垂头丧气，耷拉着脑袋。刘连元没有马上查找原因，而是让大家休息几天，好好过个国庆节，10 月 4 日才召集开会，找原因、提建议。遇到困难，刘连元总是站在研制人员的角度思考问题，体谅他们，给予鼓励，从不指责。

10 月 12 日，最后一台主机准备就绪，即将进行调试与型号考核试验，大家心里都捏着一把汗，这可是最后一台主机了，万一被烧毁，将直接影响远程再入飞行器的演示验证！

功夫不负苦心人，这次试验一举成功，紧接着，他们一鼓作气，在一个多月的时间里又做了三次试验，每一次都获得了成功，并且顺利完成了远程再入飞行器的演示验证考核试验。

从第一台主机被烧毁，到最后一台主机连续 4 次热试车成功，在一年半的时间里，他们进行了 18 次热试车和许多次冷试车，分析了大量数据，在逐步完善原系统的基础上，解决了许多以前没有认识到的技术问题，使该燃气流防热试验系统得以稳定运行，并且在规定时间内，圆满完成了型号试验任务。

通过与大学合作，研究所获得了一个大功率大尺寸的试验设备，为后续型号研制打下了基础。大学课题组则发展了燃气主机技术，以此技术进一步拓展出了一个超声速试验中心，并牵引出了后来在国内业界举足轻重的超燃方面的研究。

### 2. 项目论证新建设

在负责研究所基础设施建设的技术工作后，刘连元回顾了自己以前参与过的相关工作，并从中总结出对这项工作的总体认识。他认为，基础设施建设工作关系到一个所的定位。随着科学技术的进步，航天领域的研究所要发展，需要依靠三大手段：一是仿真数值计算，二是地面试验手段，三是飞行试验。

仿真数值计算需要配套先进的理论数值计算能力，在当今大数据时代，数字化设计已经成为主流，包括虚拟试验，今后，很多试验都不必像过去那样用实物去做，通过仿真计算的手段就可以实现，不仅能节省人力物力，也是科学研究发展的必然趋势。

刘连元认为试验手段应该抓两头，一方面为前期研究提供试验支持，如设计方案的选择，为探索新途径提供研究性试验手段。这部分试验设施的规模不应特别大，应偏重原理性试验设备，但技术要先进；另一方面为产品的最终验收提供试验支持，这就需要技术复杂又具备一定规模的试验设备，太简单验证不了未来的航天产品。

这三大手段的前两项都需要靠研究所的基础设施建设工作来实现。因此，刘连元认为负责基础设施建设工作的副总师，应该有前瞻性和创新性，能够使基础设施为未来的新型号、新技术服务。因为基础设施建设项目是有周期的，如果等到要用的时候才想到，就为时已晚了。

在刘连元负责基础设施建设工作之前，研究所提出了某研发平台建设项目，通过了国防科工局组织的技术论证，并与有关院校探讨了方案设计。他接管以后，形势又有了新的变化，一个新型号开始研制，该研发平台已经不足以支撑这个型号的验证试验，将来型号定型，怎么去考核？于是，刘连元提出平台要扩展，进行能力扩充，在以前批复的基础上再增加系统，力争把它建设成风洞系统。

这段时间，刘连元经常和研究团队的同志们进行讨论，听取他们的建议，了解工作进展。有时，他和年轻人的意见不一致，也不强势拍板，而是充分听取年轻人的想法，查阅相关科技资料，再进行沟通，最后取得一致意见。

刘连元进一步分析，平台是一个台子，扩展部

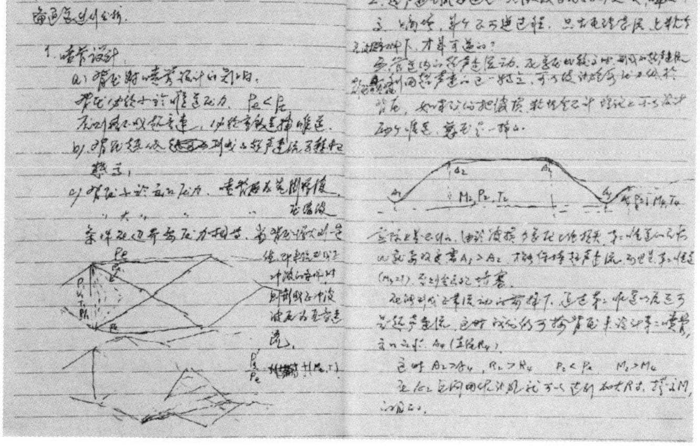

刘连元的研究笔记

分也是一个台子，如果两个一起做，共用上游的能源和下游的排气系统，将会更省钱，而且两个台子放在一起，还能实现高效率。于是，就有了“统筹建设，实现共用”的试验系统。

2010年，正当这个项目建设方案在逐步确定的时候，航天系统内大型试验厂区发生了安全事故，为了提高试验系统的安全性，避免类似事故，国防科工局、中国航天科技集团公司提出对现有项目和在建项目进行安全自查，排查安全隐患，提高系统安全性。

刘连元及其研究团队在排查中发现，这个项目和已经发生事故的设备在机理上存在一致性，他们认为项目的建设地点和技术方案均存在重大安全隐患，于是提出对原方案进行调整。

国家建设项目做建设地点和技术方案的调整属于重大调整，是很难的，必须经过原来批复部门国防科工局和总装备部的同意。这就需要和他们做技术上的交流，首先得把技术讲透。国防科工局和总装备部的职能部门对该项工作非常重视，他们要搞清楚重大调整是怎么回事，提出了很多问题要研究所解答。职能部门认为派技术人员去讲解就行了，但刘连元为了争取他们的支持，常常自己出面、亲自讲解，而且讲得非常详细。作为这个领域的技术权威，他这种不居高自傲的学者风范让人很感动。

一次批复单位的职能部门要求汇报，团队技术人员去汇报了一次，对方觉得不满意。管理机关看到刘连元很忙，便提出请他指点一下，汇报的时候不必他去。但是，刘连元还是决定自己带队去。他首先花了几分钟时间简短介绍了这个项目的背景，说得很概括，但所说的内容都是关键点。他汇报完，对方非常满意，说：“您这么一介绍，我们就清楚了。”就这样，在方案调整过程中，研究所得到了各方面的鼎力支持，使建设地点调整得以最终实现。

为了确保安全，需要修改技术方案。此前在做项目设计的时候，刘连元就带领团队论证过一个国内首创的技术设想，但在提交专家评审的时候，多数人认为这种做法国内没有人干过，在这么大的一个风洞上做第一个吃螃蟹的尝试，风险太大。于是，评审的时候该方案被否决了。现在，已经发生的安全事故证明，当初选定的常规方案存在重大安全隐患，必须更改。怎么办？思来想去，刘连元决定还是大胆启用创新手段。他说：“这种项目也许国内 20 年才做一次，咱们原地踏步，那么我国在这个领域的技术就有可能停滞 20 年，机会错过了，后人要追赶就更加困难。”

决定做得艰难，落实更加不易。这么大的项目，风险本来就大，现在还要创新，做国内没有人干过的事情，缺乏经验，无从借鉴，等于风险叠着风险，压力成倍增加。

加之上级要求他们必须在一个月内把新方案拿出来。要在那么短的时间内把所有的设备论证清楚，整个团队只能连轴转，天天加班到深夜。这个时候，刘连元的心反而沉了下来，他不是急得天天催着年轻人赶进度，而是时常告诫他们：“多想想，多查阅资料。静下来思考一下，看看哪里还没有考虑清楚。设想一下有可能出什么问题。再计算一次，看看数据是否准确。”年轻人看到刘连元不紧张，他们也就没那么急躁了，踏踏实实地把技术调整工作做实、做细。对于最后撰写的调整报告，刘连元逐字逐句地修改，想了很多办法，尽力说服评审专家接受调整方案。通过刘连元和团队的努力，方案调整以后，项目的安全性能和建设成本更加优化了。

在工作中，刘连元除了把握方向，还非常关注细节，他经常说："小事容易被忽略，问题往往出在细节上。"在这个项目做方案设计的时候，研究团队向他汇报他们计算的气动和防热情况。听完汇报，他没有马上发表意见，而是从办公桌的抽屉里找出一张纸，用上面的数据对照他们提供的方案，跟大家一起讨论。原来，那是他自己之前计算的数据，总水量有多少，会带走多少热量等等，他都提前计算了一遍。这个试验系统温度特别高，气动和防热是重中之重，他非常重视，设计方案已经审了好几轮，他依然不放过任何一个可疑的问题。

团队里的年轻人非常诧异，怎么刘总连这种一线设计员做的事情都要亲自去做？跟刘连元一起工作多年的老同志说，刘总经常这么干，很多细节他都要亲自处理，掌握第一手资料。

刘连元这种一丝不苟的工作态度，也不经意地在年轻人心里敲响了警钟，鞭策他们在工作中一定要做到细致入微，不能有丝毫马虎。

正因为这样，刘连元对所有的技术参数都非常清楚，只要看过一次，基本不会忘记。在设备基础浇铸的时候，他一眼就看出设备基础通道大小和设计要求不符，现场一量，果然，一米多宽的通道窄了十几厘米。团队成员马上找到设计院，设计院的人拿着尺子来量，才发现确实小了。原来是设计院没有考虑到旁边有一根柱子，才造成通道变窄。这并非简单的尺寸小了一点，还有建筑和试验设备贴合的问题，如果没有严谨的工作作风和丰富的实践经验是很难看出来的。假如没有刘连元事先发现这个问题，事后返工的损失可就大了。

这个项目的试验舱和扩压器是主体设备，将来做试验，它们要承受的热量非常高，稍有不慎就可能会被烧毁，刘连元便主抓它的防热问题。年近七十的人还跟年轻人一起加班研究，讨论、计算、查阅资料他都亲自参与。对于年轻人提出的新思路，起初他可能反对，但不会一棍子打死，只要研究团队成员找他沟通，他都会认真倾听，提出自己的意见与他们切磋，过后还会找到年轻人说的外文资料仔细阅读，反复思考后作出自己的判断。

通过调研、招标，确定生产厂家以后，刘连元还带队赴厂家沟通，逐条讲解技术要求，告诉对方如何避免出现各种各样的问题。

项目建设的时候，刘连元也会关注每一个重要环节。关键设备安装时，他都会亲临现场，无论是夏天烈日当头，还是冬季雨雪交加，他从不缺席。在现场，他不是泛泛地看一下，而是会关注各种细节，提出疑问。对协作单位的解答，他不会听了就接受，还要加以证实。

项目还在建设，刘连元又在考虑它的管理和未来如何发挥作用的问题。他认为这个项目系统复杂、庞大，设计人员不可能自己完成试验，必须配专职试验队伍。他倾向于系统建成后，产品的出厂、验收应该在这里完成。试验系统和型号设计相结合，就可以制定产品验收的标准，然后用这些设备来完成验收。另外，除了完成自己的试验任务以外，还可以承揽其他试验，承担更多的任务，这对管理者将是一个考验。还有试验室管理机制问题，需要在实践中进一步摸索。

刘连元无论做什么工作，总是看得很远。作为研究所研发平台二期项目的技术负责人，他敏锐地意识到，一定要用再入飞行器的技术发展方向来牵引研发平台二期的论证。根据这个思路，他按照今后 20 年再入飞行器的技术发展趋势，提出了此项目的论证方向。

正因为有高瞻远瞩的眼光，再加上努力钻研的精神，几十年来，刘连元给人们留下了“干什么，什么成！”的深刻印象。

# 刘连元

刘连元院士**传记**

Academician Liu Lianyuan's Biography

第十一章

# 人才培养 航天精神永传承

举重若轻的管理艺术，和谐融洽的团队氛围，使同事们对作为管理者的刘连元赞赏有加。他不但业务能力强，还兢兢业业地为航天事业培养了一批科研人才。

### 1. 举重若轻做管理

刘连元在管理上也有自己的独到之处。一个型号的研制往往涉及三个层级众多单位，指挥调度非常困难。为解决这一难题，早在20世纪60年代，航天系统便确立了“由院、分院推行到部、所、厂、站”的三级计划调度线，技术指挥、计划部门和设计师系统既各负其责，又通力合作，做到根据实际情况随时调整计划，适时调度，才能不断解决突发问题，使研制工作有序推进。

刘连元工作经验丰富，战略思维清晰，作为型号副总设计师，他在型号前期策划环节，就能把各阶段的时间分布预测得特别准确，提前判断哪个阶段可能遇到什么难题，把困难的事情先做，从而保证按时完成研制任务。因此，他负责的型号从方案转初样、从初样转试样、从试样转定型、从定型到批产，各工作节点控制得非常好，事后对照当初制定的计划，整整6年的执行过程，几乎连月度计划都没有出入，这在航天型号研制过程中是很难做到的，而他，硬是做到了！

有人问他为什么能做到，他总是“嘿嘿”一笑说：“都是前期预研工作做得扎实，后面就没有碰到太多的麻烦。”他就是这么一个人，从不把工作的成功看成是自己的功劳。

而型号队伍里的人却不这么看，他们说，并非刘连元管理的型号没有困难，而是他项目管理能力很强，在前期策划时就会把风险点提前告诉设计员，让他们先解决棘手的问题，不会拖到最后才急急忙忙处理一些难题。在工作中，他思路很清晰，看问题很准，接到任务，很快就能判断哪里是关键、哪里是难点、什么该先干、什么可以暂缓，拿捏得很有分寸。因此，他负责的型号一般都能比院里的计划提前完成，从来没有赶进度的时候，任务都不是“赶”出来的，而是张弛有度，一步步踏踏实实做出来的，这样，质量才有保证，后续才不会出太多的问题。

远程再入飞行器的研制过程很曲折，试验装置遥二打完以后还进行了重大技术状态更改，这个问题刘连元事先就想到了，基于长期在防热领域的技术储备，准确提出了解决问题的技术方案，并会同外协单位共同实现了这个技术方案。正是这样，在某些关键节点上，他的技术根基对型号研制的进度起着保障和支撑作用。

型号进入初样研制阶段后发现，飞行器的转速有点高，这与慢旋装置有关，需要对它进行技术更改。但此时产品已经投产了，如果按照常规，更改发动机中的火药，办法很复杂，要花费大量的人力物力，不但风险大，而且进度也无法保证。这时，刘连元马上召集参与慢旋装置研制的设计员一起商量，提出了一个非常简单实用又能解决问题的方法：把力臂变短。这是技术状态更改最小的方案，但确实是一招就能解决问题的办法。同事们评价，他虽然学问做得大，但思想不迂腐，非常务实。有的人认为，刘连元整天思考高大上的问题，说出话来肯定很有学问；跟他接触多了才知道，他很少说“高大上”的理论，说出来的话往往很不起眼，但能解决大问题，甚至有些办法让人感觉“土得掉渣”，但非常实用。

为了达到技术指标要求，这个型号采用了大量的新技术、新方案、新工艺、新材料，从中国航天科技集团公司到一院都非常重视，在研制过程中，文件多、检查多是它的一大特色，艰巨的重任大大增加了整个型号队伍的压力。为了保证质量，不得有任何差错和失误，刘连元便在型号队伍中提出“设计无差错，协调无遗漏，问题无遗漏，产品无隐患”。他是这么说的，也是这么做的。

身为副总师，原本不需要在一线身先士卒，但是，凡是他认为关键的环节，一定会亲自负责。按型号研制管理三级审签制度规定，零件图一般由主任设计师或研究室主任审批就行了，但是，对于这个型号的一个再入飞行器壳体零件图，刘连元提出，这张图由他亲自审批。尽管它是个零件，但是非常重要，一是它采用了新材料，二是它有很多尺寸是关键尺寸，都要与外协单位接口，精度要求非常高。看到副总师对待工作都这么认真，队伍中的其他人自然不敢怠慢。因此，远程再入飞行器分系统在研制过程中几乎没有出现差错，而且总能提前完成研制计划。

刘连元在工作实施过程中，从不向下传递紧张情绪，尽管自己压力很大，夜不成寐，但在型号队伍面前，却总表现得谈笑风生、游刃有余。年轻人看到他这样，心里感到很踏实，觉得什么问题在刘总这里都不是事儿，都能解决。事后回想，大家觉

刘连元在研讨会上

得刘总布置工作看起来很随意，但仔细想想，他的每一句话都说到了点儿上，让人清楚地知道应该怎么干。

团队里的年轻人都说，刘总很少批评人，即使型号工作出了严重问题，压力再大、任务再重，他都不会表现出急躁情绪，而是心平气和地召集大家一起分析问题，查找原因，制定解决办法。一般来说，靶场无小事，在靶场出了问题，年轻人都会慌张，这时，他会平静地把年轻人叫到身边，帮着一起出主意，想办法。他的沉稳，就像给年轻人注射了一剂镇定剂，使他们把紧张的心情平静下来，放下包袱，轻装上阵。

刘连元认为，主帅如果整天绷着个脸，队员就会很紧张，做工作需要精神紧张，但紧张过了头，就容易出错。有时遇到型号失利，上级要求全面开展质量整顿。他不会板着脸作整顿动员，把上级要求发下去让大家执行了事。而是自己首先消化上级的要求，有针对性地分析本型号队伍的具体情况，找出重点部位、重点内容加以整顿，再把之前工作不踏实或者薄弱的地方进行强化。他这种不是眉毛胡子一把抓、为整顿而整顿的工作方法，往往能达到事半功倍的效果，型号队伍也不会产生负面情绪。

对待产品质量，刘连元认真负责，一丝不苟，但也不拘泥于条条框框。有件型号产品在加工时发生了破损，按常规应该报废重做，但是型号进度非常紧张，如果报废，时间来不及。外协单位非常着急，提出了很多解决方案，包括把受损的部分撤掉重新套装防热材料。所有的方案虽然不是重做，但实现起来都很困难，进度依然来不及。这时，外协单位的技术人员想到了刘连元，请教他有没有好办法。刘连元来到现场，仔细观察了产品破损部位，指出这件产品只要简单修补即可，不必废掉。原来，他凭多年实践经验判定修补的办法更好，也容易实现。外协单位立刻按照他的建议去做试验验证，果真没有问题。后来这件产品出厂参加飞行试验，也没出问题，型号队伍圆满完成了试验任务。他这种严谨务实、敢于负责的工作态度，以及对技术的精准把控能力令同行非常佩服，业内人士遇到疑难问题，都不约而同地想到他，请他把握方向，而他也确实能站在更高的层面给予他们指导。兄弟单位搞攻关，都喜欢请他当顾问，说只有刘总在，他们心里才踏实。

型号研制工作有时需要请专家进行指导，刘连元认为，专家的意见只能做参考，决策还得自己做。虽然专家学问大、能力强，但他通过听两三个小时的工作介绍，不可能比项目负责人更了解情况，难免有顾此失彼的地方。所以，型号工作的决策还是副总师自己的责任，要勇于、敢于承担责任，不能把责任推给专家，让专家做决策。否则，自己得不到锻炼，还容易被专家支得团团转。

刘连元在管理上能做到“忙而不乱，举重若轻”，他所负责型号的团队成员都有共同体会：跟他干这么多年，尽管忙，但从没感觉到累。

**2. 和谐融洽建团队**

刘连元是研究所的杰出代表，他学识、知识明显高于常人，但从未盛气凌人、以上压下，总是和风细雨，以德服人。因此，研究所的职工，特别是青年人，都喜欢和他接触，感觉就像和自己的长辈在一起一样。

有位年轻职工刚开始跟他不熟悉，一次出差坐飞机，听说自己的座位与刘连元的座位正好挨在一起，心里还觉得很尴尬，这一路上跟刘总聊些什么呢？没想到两人聊得特别开心，刘连元把他自己从中学开始一直到参加工作的经历，像唠家常一样跟他聊了一遍。这样，原本拘谨的年轻人顿时心情特别轻松，就觉得他更像一位亲人，在他面前可以无拘无束，有什么说什么。后来这位职工有一年多没跟刘连元接触了，一次偶然相遇，刘连元一见他，就笑呵呵地走过去摸摸他的头说：“现在干嘛呢，没事来我办公室聊聊。”让这年轻人感觉非常亲切。

20 世纪 90 年代，刘连元担任防热室主任时，有位年轻职工有了孩子，把母亲接过来帮忙。所里住房紧张，小两口只分到筒子楼里一间 9 平方米的小房子。实在住不下。他便在所里暂借了一间平房以解燃眉之急。这平房低矮、潮湿，但面积比 9 平方米的房子要大些，4 个人勉强能住下。

一个星期天，正下着大雨，他听见有人敲门，开门一看，刘连元举着把伞站在门口，衣服裤子已经湿了大半。他还以为所里有临时任务需要加班呢，没想到刘连元说担心这平房漏雨，特意过来看看。这让年轻人非常感动，没想到主任关心职工，会做得这么细致。

刘连元在生活上要求不高，从他穿的衣服就能看出来，不讲究，只要舒服就行。自己开一辆普通的车，既不高级，也不豪华。刘连元喜欢和员工打成一片，一点架子也没有。每次出差，他都跟年轻人同吃同住，同甘共苦，和大家一起坐经济舱，在街边小店吃碗面条都没问题，不认识的人还真看不出他是一位院士。

年轻人跟他开玩笑，逗他，他也不生气。刘连元喜欢老北京小吃。有一次他和同事在一家小店吃饭，同事要了碗卤煮火烧，他看见后，也很想吃，但他有“三高”，大夫和妻子都叮嘱他别吃这些东西。同事看到他那又想吃又不敢吃的表情，感觉很可爱，便故意逗他：“是不是很想吃？”他不假思索地说：“是”。同事接着说：“没事，咱又不是天天吃，几个月吃一回，没关系。再说，我不会告诉甄老师的。”没想到刘连元故作认真地问：“真的？”得到同事肯定的回答后，他马上要了一碗，吃得津津有味。这个时候，你根本不会把他和院士联系起来，就像个邻家老小孩儿一样。

刘连元办事公道，该谁负责的事就叫谁去做，绝对不会干预别人的事，更不会有利的事就自己上，让别人干吃力不讨好的“鸡肋”活，而是从工作出发，既有分工，又有合作。

1976年，上海航天局为了保证某型号飞行试验的成功，请七机部组织专家把关。七机部把任务交给一院，一院又交给了研究所，研究所准备派五人专家组去，其中防热专业去一人。刘连元从工作角度出发，自己没有去，而是让同事黄品秋去。因为出问题较多的地方一般是局部，而黄品秋做的正是局部防热工作。这次，黄品秋发现了四个隐患，很自豪，认为这是自己一生中最有意义的工作。因此，他对刘连元的秉公办事赞不绝口。

刘连元做事情很规范，如质量管理，有要求的他就执行，而且还要求尽力做好。上级有新的要求，他不是简单地布置下去，而是会带头来研究这些要求，和型号助理员一起学习，讨论怎么来执行这些要求更合适，然后认真贯彻。他带领的队伍这么多年一直牢固树立质量意识，而不是开展那种轰轰烈烈的运动式的质量管理。工作中有时需要去外协单位查找出现质量问题的原因，他和外协单位的沟通非常到位，能尽快制定出合理的处理方案。即使不是他的专业，他对技术也吃得很透，深入了解实际情况，并把自己的想法与工艺材料单位讨论。多年来，在行业内，他对很多单位的指导都非常有效，是解决型号、任务、攻关中重大难点问题的直接贡献者。

刘连元在专业会议上

研究所防热室在刘连元的带动下，形成了严谨、务实的工作作风，在后续几任室主任的坚持下，这种工作作风已经成为防热室的传统。

刘连元很有童心，跟人聊天聊到开心之处，他会手舞足蹈，表情、动作就跟小孩儿一样。年轻人的话题他也能聊，接受新鲜事物很快，而且还能融入这些新鲜事物。比如年轻人说到游戏、时尚，他也爱听，还会发表议论，跟年轻人没有代沟。他还喜欢玩儿，在基地参加飞试任务时，他喜欢召集大家去散步、爬山。休息日，有的年轻人喜欢睡懒觉，他经常去敲门："该起床了。"一会儿又来问"爬山吗？"时间长了，大家知道他爱玩儿，都会去找他。新来的人不了解，刘连元就会主动去找他，让每一个新人都能很快融入这个集体。有的年轻人第一次参加试验队，可能有点拘谨，但很快都放开了，有时候还敢和他开玩笑。

有这么一位严谨务实而又平易近人的领头人，型号队伍就像个大家庭一样，工作起来有劲头、有盼头，而且还很放松、很愉快，设计员们都觉得有这么一位领头人是大家的幸运。

### 3. 名师培养出高徒

在科技高度发达的社会，人才资源的作用日益凸现，谁拥有优秀的人才，谁就能掌握发展的主动权。高科技的航天企业，人才的作用尤为突出，因此，研究所从建所之初就非常重视技术人才的培养，采取"以老带新"、老同志"带徒弟"等多种方式培养航天后备力量。刘连元刚参加工作时，就是跟着两位老同志边学习边工作逐渐成长起来的，后来，他自己成了"老同志"，也照样热情而真诚地指导年轻人。他结合工作实际，及时给年轻人讲解知识和经验，毫无保留地把自己的想法、思路传递给他们。他是愿意教、也有能力教的人；年轻人也愿意跟他学，他对年轻人很有吸引力。

刘连元认为年轻人在学校中学到的知识只是基础，还应该从工作中学习，不断求知，反省不足。研究所应鼓励青年成才，敢于让年轻人冒尖，鼓励创新，营造允许创新、允许失败的氛围。他从自己的成长经历中领悟到，人才的成长必须要有机会，要得到锻炼，因此，他总是带着年轻人一块儿做试验、一块儿参加讨论，给他们创造很多学习、成长的机会。

改革开放以后，大学开始招收研究生，一院便与一些院校合作培养研究生，使型号研制队伍能够新老交替、后继有人，研究所也希望直接录用一些高学历人员充实设计员队伍。但是，由于受“文革”影响，全国普遍出现“人才断层”，各行各业都在“抢”高学历人才，加上国外跨国公司入驻中国，高薪加先进的管理方式使他们在人才竞争中占尽先机，所以，研究所能招收的研究生很少，每年只有一到两个，根本不能满足技术发展需求。于是，研究所采用两步走的办法，一方面直接到高校招收毕业生，一方面和一些高校合作，成立导师队伍，共同培养研究生。1986 年 7 月 28 日，国务院学位委员会批准研究所“再入飞行器设计”专业硕士学位授予权。研究所开始招收研究生，加强高层次人才的培养。

进入 20 世纪 90 年代，所领导更加重视研究生培养工作，多次召开研讨会，决定扩大研究生培养

刘连元在讲课

刘连元（右二）在学生博士论文答辩会上

规模，包括硕士研究生、博士研究生培养，以及博士后进站规模。1998年7月27日，研究所再入飞行器设计专业博士后流动站招收了第一位博士毕业生进站。同时，研究所又充分健全导师队伍，1998年12月18日，中国航天工业总公司学位委员会批准刘连元为博士生导师。

刘连元担任博士生导师，对学生的论文严格要求，不仅多次组织专家开会审查，还对论文的结构、结论进行把关。他担任研究生导师，重点关注对研究方向的把握和指导。有的学生刚与刘连元接触时，感觉他很威严，后来请教专业知识、讨论论文题目熟稔后，就觉得他和蔼可亲，非常温暖。当学生的课题进展顺利时，几乎觉察不到导师的存在，但当遇到问题时，才知道原来导师一直默默地关注着课题的进展，需要的时候，他就会出现在自己的面前。

在职博士生既有日常设计工作，又要进行学术研究、撰写论文，工作很忙，时间总是不够用，刘连元就把自己的工作经验传授给他们：研究方向确定以后，就把论文的框架和大致组成做个规划，把主要框架分成几块，在工作中分别积累素材，包括实验数据、材料方案等，注重对试验数据的分析，逐渐分块为论文准备素材。如果一章的素材准备得差不多了，内容成熟了，就先把这章整理出来，成熟一章写一章。这样，可以把论文工作和型号工作有机结合起来，避免由于工作忙，单独做论文时间不够用。同时还可以把型号工作中的知识点和经验通过论文的形式沉淀下来，为专业发展做一定的累积，使两方面相辅相成。

博士生小杨的论文是控制舵的热防护设计。控制舵是个关键件，结构比较复杂，需要多种材料配合到一块儿，烧蚀、考核、热应力的问题非常突出。刘连元认为这个题目有价值，很支持，还提出了一些研究思路，比如采用三维移动边界，把防热层、金属骨架的温度场全程飞行模拟出来，并建议他参考自己以前研究的一个部件的二维有限元的移动边界。

小杨在编程过程中遇到一些问题，如建立三维移动网格化后，各个结点在移动，怎么控制结点的移动量问题。试验条件不一样，飞行速度不一样，结点的后退量就不一样。怎么控制结点的后退量，他和刘连元讨论了两次，提出了一些思路，刘连元认为比较好，鼓励他坚持这么做。传统的烧蚀计算方法不适于控制舵这种三维复杂结构。最主要的是用的有限元软件是通用的商业软件，怎么把商业软件和具体的工程问题结合起来，需要做一些创新性工作。照搬原来传统的计算方法，难以解决这个问题。后来，小杨在探索过程中遇到了几次瓶颈，已经近乎绝望，认为自己做不下去了，刘连元一直鼓励他坚持下去。得到老师的鼓励与支持后，他又振奋精神，几乎每天晚上都要加班到半夜，一点一点地琢磨，终于找到了解决办法。

2012 年 5 月 2 日上午，小杨又到办公室看结果——奇迹终于发生，计算通过了！5 月 3 日上午 11 点多钟，他兴冲冲地跑到刘连元办公室，请他到自己办公室看结果，刘连元非常高兴，欣然前往，和学生一起享受这快乐的过程。

刘连元（右三）作为专家参加研究生答辩后留影

类似的事情还有许多，刘连元对学术研究的严谨态度，对学生的关爱，令学生们非常感动。不论学生年龄大小，经验多少，他都会把自己的知识、经验，毫无保留地传授给学生们，并且站在他的高度，为学生们把握方向。

在刘连元培养的硕士生、博士生中，已经有多人走上了所领导、型号总指挥、副总师等岗位。

# 刘连元

刘连元院士传记

Academician Liu Lianyuan's Biography

第十二章

# 风雨同舟 牵手走过幸福路

刘连元不但是位严谨的科学家，生活中还是个颇有情趣的人，他与夫人互帮互助，相扶相携，比翼齐飞，走过几十年的幸福时光，与儿孙共享天伦之乐。

### 1. 清贫生活也幸福

20 世纪六七十年代，刘连元和甄淑芬这对航天夫妻和中国普通百姓一样，过着非常清贫的生活。他们 1968 年结婚，第二年有了老大，次年又添了老二，一家四口挤在一间小平房里。过了几年，有同事搬走腾出了一间房，所里把该房隔成两个半间，他们才又分得了半间房，他们都觉得够满意了。那个年代，人们思想非常单纯，他们看到所长也只有两居室的楼房，而所里分房的标准是谁家困难，谁家孩子多，就给谁分配大一点的房子，所以，即使一家人挤在一间半简易平房里，也其乐融融。加上刘连元是个有心人，总会在不经意间制造细微的快乐来点缀贫乏的生活，一家人的日子虽然清贫，但给人的感觉却是幸福和美好的。

刘连元第一次去西北基地出差，节省下生活补助，又添了点工资，给妻子买了一斤毛线回来。毛线是鲜亮的绿色，甄淑芬很喜欢，但她舍不得给自己织毛衣，准备留着给孩子织毛衣毛裤。刘连元拦住了，说自己家里经济困难，父亲老了，挣不了什么钱，母亲有关节炎，常年要吃药，弟弟还在上学，每月他领 46 块钱的工资，转手就把 20 块钱给了父母，家里的生活月月都很紧张，根

夫妇俩带孩子游览天安门广场（左二为甄淑芬妹妹）

本没有什么结余，结婚以后就没给妻子添过一件新衣服，好不容易买了一斤毛线，坚持要妻子给她自己织一件毛衣。

听了这话，甄淑芬心里暖融融的，但孩子是母亲的心尖儿肉，思来想去，她还是舍不得独自享用这一斤毛线，便和丈夫商量，采用折中的办法，给自己和儿子各织了件背心。这两件背心一直温暖了她们母子许多年，儿子穿小了，女儿又接着穿。

有段时间，所里为了改善职工食堂伙食，发动大家利用空闲土地、空闲时间，种蔬菜、小麦、地瓜。职工们下班后，也在自家房前屋后种上丝瓜、豆角等，刘连元夫妇还养了几只鸡，着实给生活增添了不少乐趣。俩孩子对这点绿植和几只活物可喜欢了，跟着爸爸跑前跑后，春天给它们浇水、喂食，秋天采摘丝瓜、豆角，听见母鸡叫了，就赶紧跑去捡鸡蛋，玩儿得有滋有味。

为了减少家庭开支，夫妻俩生活上比较注意节俭，很少买新衣服，不穿破了不会换，破衣服换下来也不扔，改小了给孩子们穿。他们还学会了做衣服，孩子穿的衣服都是夫妻俩自己做，没买缝纫机的时候，一针一线都是自己缝，后来有了缝纫机，两人便分工合作，甄淑芬裁剪，刘连元缝纫。带孩子也特别省钱，衣服老大穿小了，老二接着穿。做父母的总把孩子放在第一位，饭桌上，偶尔有点肉菜，甄淑芬总是省给孩子们吃。刘连元当然也想着尽量让孩子们多吃点，保证营养，但他时常劝甄淑芬，自己也要吃一些，不要只想着孩子们，忽略了自己。

不过，生活上的困难，他们从来不会在孩子面前表露，而是尽量营造出家里没有那么困难、物质没有特别匮乏的气氛，自己尽量节省，但给孩子们留下美好的印象。孩子们小的时候，他们每周都给一毛钱零花钱，时不时买来苹果，都是可着孩子吃，每年过年，一定给俩孩子每人做一套新衣服。别看这些小事儿，对夫妻俩来说并不容易。因为他们还要补贴父母，帮助弟弟妹妹，农村的远房亲戚们有时候也需要帮衬一把，家里常常入不敷出。好在甄淑芬父母家庭条件不错，不但不需要他们补贴，还常常能帮他们一把，或是把外孙接到家里去生活，或是给俩孩子做些衣服、鞋子什么的。因此，刘连元对妻子总有些许的歉疚，但更多的是感激，他又没有能力为这个家庭创造更多的物质条件，只能把自己全部的爱都倾注在妻子和孩子身上。他不会说什么，只会付诸行动。甄淑芬出差很频繁，只要他在北京，无论早晚，他都会去接送，南苑交通不便，来回需要几个小时，他也乐此不疲。

在甄淑芬眼里，刘连元值得依靠，也令人心疼。高中的时候，两人就是同学，刘连元小小年纪就要去卖苦力挣学费，有一年暑假打工的时候还大病一场，开学时见到他，人变得又黑又瘦。后来两人恋爱了，甄淑芬才知道他很小的时候就失去了亲生母亲，虽然继母对他们几个孩子很好，但也不能完全填补母爱的缺失。每每想起这些往事，甄淑芬都非常心疼，产生强烈的要好好照顾他的情感。

细心的甄淑芬发现，刘连元总是裹着一件旧大衣过冬，后来才知道，他根本没有棉袄，只有靠这件旧大衣御寒。结婚以后，甄淑芬很想给他做一件棉袄。但是，自己初中就开始住校，一心学习，从来没有跟母亲学过女红，偶尔用一下针线，都会被母亲笑话针脚太难看。想到这些，她犯怵了。后来因为生活所迫，他们夫妻俩一起学会了裁剪和缝纫，甄淑芬又有了亲手为刘连元做一件棉袄的冲动。但是，做棉袄比做单衣困难多了，弄得不好就会失败。犹豫了几次，最终还是心疼他、想要呵护他的感情占了上风，心想，这双手，多复杂的电路图都没难倒过，难道会被一件棉袄打败吗？她终于下定决心，要亲手为丈夫做一件暖和的新棉袄。在商店买布料的时候，她又想到，老公公身上的棉袄也旧了，老人一生辛苦，这把年纪了，也该享受一下儿女的孝心了。于是，她“一不做，二不休”，一下扯了两件棉袄的布料，要让他们父子俩都穿上新棉袄。

听人说做棉袄最困难的是翻面儿，星期天，甄淑芬把家里的一张大床清理得干干净净，又把孩子们轰得老远，摆开阵势，里子、面子、棉花铺了一床，专心致志地干起了自己的“大工程”。好不容易把棉袄做成了，当刘连元穿上那件新里、新面、新棉花的棉袄时，心里美得乐开了花，一连说了好几句：“真好，真暖和！”老公公穿上棉袄后也高兴极了，他没想到做大学问的儿媳妇，做起针线活来也这

刘连元夫妇在生活区

么精细，说得满西黄村的人都知道，他的新棉袄是儿媳妇亲手做的。

几十年了，他们夫妻俩都是这样，你心里想的是我，我心里想的是你，相亲相爱，相互扶持，从没红过脸、拌过嘴。

刘连元学会了做衣服，却几乎没给自己做过，他不讲究穿得多么体面，只要整洁就行，裤子一穿就是十多年，膝盖上的破洞用缝纫机一圈一圈密密地缝上，照样穿着去上班，补丁很大，但缝得特别整齐。这期间唯一“奢侈”的是，他给自己做了一套中山装，这套中山装一直穿了很多年。

刘连元的手特别巧，学啥会啥。他在五七干校下放的时候闲着没事儿，看女同志用钩针钩东西，他也跟着学。男同志们见了，都笑着质疑说：“人家女孩子十指纤纤才能干这事，你这粗手大脚的，哪是干这活的人！赶紧别干了。”刘连元不管他们怎么说，依然有空就跟着学。没过两天，他还真钩出了巴掌大的一块东西，上面还有很规则的图案呢。干校的同志们看了他的“作品”，不得不佩服。回家以后，桌布、网兜、枕巾都是他自己钩的，把家里布置得漂漂亮亮。他还教女儿用钩针，不过，小姑娘尚小，只学会了简单的钩法，父亲那些各种各样漂亮的花样却没学会。

也许是因为刘连元从小吃苦，并承担了一部分家庭责任，在艰难的岁月里，他并不觉得自己有多苦，相反，他总想着，毕竟自己夫妻俩都有工作，日子比起以前来要好多了，他看到的往往是亲朋好友的困难，总会主动伸手帮上一把。

一位堂弟在农村，种出来的麦子要磨成面才能卖出去，而把麦子磨成面需要五块钱，这五块钱有时他自己拿不出来，刘连元就会资助他。

刘连元从来不去说他对别人的好，但别人总会记得他的好。他看一位堂弟出工没有鞋穿，便给他买了双胶鞋，多年以后，这位弟弟说起此事来，还非常感激他。

继母去世后，老父亲跟刘连元的弟弟住在西黄村老家，他只要不出差，星期天总会回去看望父亲。从南苑到西黄村来回 20 公里，没有直达的公交车，他都是骑自行车前往。后来两个孩子稍微大点了，学会了骑车，他便带着孩子一块儿去看爷爷，路途太远，孩子们实在骑不动了，刘连元既不逼他们，也不让他们放弃，而是想出各种理由鼓励孩子们坚持下去，有时他会两只手松开车把，两臂前后摆动，做出在车上跑步的样子，鼓动孩子们跟他比赛，孩子们又兴奋起来，使劲地往前骑，等骑到爷爷家时，两腿都僵硬得不听使唤了。

老父亲晚年得了胃癌，因为快 90 岁了，医生不建议他动手术，而是保守治疗。这时刘连元已经担任型号副总师，出差的时候更多，只要一回来，他首先就去看望父亲，给他找各种治疗方法。父亲临终前一个多月，医生说没有办法了，只能维持。刘连元就住到西黄村老家去照顾。正值冬天，他下了班就去西黄村，早晨天不亮就起来，换乘两路公交车来上班。他对父母的孝顺是做出来的，不是嘴上说出来的，因此，孩子们都能体会得到。最后阶段，爷爷大小便不能自理，儿子也学着爸爸的样子，帮爷爷掏大便，为爷爷换洗衣裤。

刘连元的性情也很受孩子们的欢迎。女儿上中学后，寒暑假有时会带同学到家里玩儿，夫妻俩便安排孩子们中午在家吃饭。这时，刘连元中午一下班，总是急急忙忙回家做饭，往往是他掌勺，烧的菜非常可口，孩子们都很喜欢吃。午休时间很短，他也不休息，而是主动陪孩子们打牌。他打牌时，还会看上下家的牌，但不是偷着看，而是探过头去“大大方方”地看，过后，女儿的同学们都说“你老爸真可爱！”

刘连元知识面很广，跟人谈什么话题都让人觉得他知道得比自己多。女儿结婚后有了自己的家，他有时候去女儿家会碰到一些年轻的朋友，他很自然地跟这些年轻人聊到一起，不管他们的话题是旅游、股市、娱乐，还是体育比赛，他都能发表自己的见解，说得还很令人信服。

甄淑芬退休以后，把全部精力都放在了丈夫和孩子们身上。生活条件好了，物质丰富了，她仍然改不了几十年养成的习惯，看到谁喜欢吃什么，她自己就不吃了。刘连元总是劝她，还请她的兄弟姐

刘连元夫妇

夫妻俩幸福的晚年生活

妹们劝她，不要把心思都放在别人身上，要关心关心自己。

刘连元患有高血压，甄淑芬便想尽办法帮他调理，自己查看医学书籍，了解高血压的人应注意什么。听说保健品对老年人、高血压患者有益，她便充分了解，多方打听效果，买来合适的保健品帮刘连元调理身体。对妻子的这些心意，刘连元非常配合，妻子让他吃什么，他便吃什么；让他怎么吃，他便怎么吃。几十年了，夫妻俩从未红过脸，因为两人的想法很容易取得一致，甄淑芬要干什么，刘连元总是第一时间同意；刘连元想什么，甄淑芬也是百分之百支持。时间长了，两人默契得都不必说，一个眼神就能知道对方的心思。

当选院士以后，刘连元更忙了，而甄淑芬已经退休，两个孩子又都各自成家，偌大的房子，经常是甄淑芬一个人，刘连元便想尽办法多回家陪她。有时在城里开会到夜里，会议主办方便安排他在宾馆住宿，但无论多晚，他都会谢绝，坚持要回家。有时，第二天还要接着开会，他宁愿早起赶回来，也要回家。时间长了，司机知道他要回家陪妻子，就对他说："您来回奔波太辛苦，干脆我把甄老师接过来吧？"刘连元却说："不行，不能给人家主办方添麻烦，再说，这也不符合规定。"

刘连元就是这样，对妻子、对家庭、对别人，他都出于真心去关心、去照顾，他不会说什么，但别人从他的行动中，能体会到他的心意。

### 2. 航天夫妻比翼飞

刘连元的妻子甄淑芬也是研究所的技术骨干，研究员，多次获得部级科技进步一、二、三等奖。她毕业于清华大学无线电电子学系，学的是无线电技术专业。清华的学生基本功扎实，参加工作不久，甄淑芬便能独当一面了，碰到有困难的工作，领导总放心让她去干。

女儿未满一岁时，刘连元正在基地出差，所里要派人去东北基地，把所有的遥测系统地面测试设备检查一遍，还要把坏的修好。由于有些科研人员在农场下放还没回来，四室人手不够，领导希望能派一位技术全面的人去，能胜任所有设备的检查、维修工作。四室主任马上想到了甄淑芬。当主任把这项任务交给她的时候，她丝毫没有考虑家庭的困难，不假思索地答应了。回到家里她才想到，这一去不知道要多长时间，孩子怎么办呢？她思来想去，终于想到一个主意，请托儿所的阿姨帮忙，晚上把女儿接到她家去照顾。就这样，女儿还没断奶，她就收拾行李坐上了去东北的火车。在东北那些天里，每每涨奶难受的时候，她就想到该给孩子喂奶了，心里一阵阵发酸。

20 世纪 80 年代初，一院指出某型号使用的电子元器件种类繁多，五花八门，完成同样一个功能的电路就用了五六种元器件，要求进行修改，把电子元器件的种类降下来。这时，该型号的初样设计已经完成，要在别人已经完成的设计图纸上修改电子元器件，负责修改的人必须非常熟悉各种电子元器件的性能，不但要能找到合适的替代品，而且还能说出理由，让每个设计者心服口服。这一次，所领导点名要甄淑芬去，还特意把她从四室调到了质量控制室。

甄淑芬马上投入到元器件的压缩工作中。为了让自己提出的压缩条件有理有据，经常向有经验的同事请教，主动到各研究室去沟通，一个一个耐心细致地做说服工作。经过一番努力，成功地把该型号的电子元器件压缩了 45%，因此，她还被评为一院质量先进工作者。

由于工作出色，在质量控制室工作一段时间后，甄淑芬担任了型号质量管理组组长，并被任命为“可靠性副主任工程师”。不过，甄淑芬的兴趣还是在型号研究上，虽然质量控制室对她的工作高度肯定，但她还是要求回四室工作。没想到，回到四室才三个月，她又被调到了三室，这一次，也是型号研制工作的需要。

某型号在连续两次靶场飞行试验中都出现早炸，经查，问题均为研究所负责的高度表出现故障。此时，离产品交付只有半年时间，如果不能按时交付，就会面临巨额赔款。因此，院里下了死命令，必须保证产品交付“后墙不倒”，一定要在规定的时间里拿出合格产品。别的系统都合格，就是高度表有问题，“万事俱备，只欠东风”，研究所的压力可想而知。这一次，所领导又点了甄淑芬的将。

这项技术属于无线电引信范畴，这个领域甄淑芬以前没干过，加之问题多、时间紧，她也没把握，刚开始没同意去。后来，所领导把她们夫妻俩叫到一起，再三做工作，她才硬着头皮答应了。

工作应承下来，就得下苦功夫完成。那段时间，甄淑芬几乎天天挑灯夜战，孩子睡着后，她便看资料、做调研、找问题、想办法，书桌上的台灯经常亮到深夜。自己的知识、经验不够，就虚心向人求教，去全国各地调研。因为时间紧，经常说走就走，火车票难买，往往只有站票，她便买个小马扎随身带着，站累了就找个地方坐下休息一会儿。

经调研，得知把无线电引信用在高速再入飞行器上，全国只有一家单位有过成功的经验，但高度保密，什么都不说。甄淑芬想了个办法，打算买他们一台产品，结果他们不但把几万元一台的产品一下涨到了二十几万元，还明确提出要把产品改装以后才卖。这条路行不通，甄淑芬只有自己和那个恼人的高度表“死磕”。

功夫不负有心人，经过多方努力，甄淑芬终于按时把难关攻克了。当该型号飞行试验圆满成功时，所领导高兴地说：“困扰我所多年的高度表问题终于得到了解决。”

### 3. 呵护子女伴成长

一双儿女一天天长大，刘连元的父母则一天天老去，想帮忙拉扯孙儿却力不从心，夫妻俩的境遇和电影《人到中年》的主人公如出一辙。他们在单位都是技术骨干，两个人都特别忙，经常一个出差还没回来，另一个又要出发，实在没有办法照顾年幼的孩子，两人一合计，只好把老大送回姥姥家上一年学。女儿刘芳生来体质弱，换个环境便水土不服，只得留在北京，碰到两个人都加班或者都出差的时候，他们只好托付邻居家的老奶奶帮忙照看孩子。

孩子稍微大一点，夫妻俩就试着让他们独自在家，有了第一次，就有第二次，儿子刘剑锋和女儿刘芳这兄妹俩经常自己去食堂吃饭，时间一长，食堂的师傅都熟悉了，一看是他俩，就问"还是三两炒饼？"

剑峰八九岁时，刘连元就教他做饭，说别老带妹妹吃食堂，自己做的饭吃着香。炉子很高，孩子都要搭着小板凳炒菜，有时候炉子不好烧，烟熏得眼睛生疼，直掉眼泪。男孩子总要调皮一些，过了一段时间，新鲜劲儿过去就腻了，剑锋便哄妹妹说："做饭特别好玩儿，我教你做饭吧。"等乖巧的妹妹学会做饭以后，他就再也不做了。不过，对待妹妹，他总会呵护有加，父母不在家的时候，他便成了妹妹的保护神。

刘芳小时候身体弱，常生病，几乎每年都要住一两次医院，有时一住就是

1978年刘连元全家福

几个月，所以刘连元特别疼爱她。加之小姑娘学习成绩特别好，虽然经常生病，但考试的时候却总能排到班上前几名，因此刘连元对她的要求就没那么严格，看她不舒服，就让她在家休息。

刘芳上初中时，有一段时间头疼得特别厉害，还经常呕吐，刘连元便带她去友谊医院看病，偶尔病情较重，坐自行车受不了，他就会想办法找辆汽车。虽然家里的经济条件不是很好，但到中午，他总是叫上司机师傅一起在外面吃饭。女儿注意到，在餐桌上，他自己不怎么吃东西。

即使工作再忙，刘连元在生病的女儿面前也不会表现出很着急的样子，他会让人觉得生活中有很多乐趣。他带孩子看病，总是说说笑笑的，让孩子心情放松，他自己也会自得其乐。有一次刘芳牙疼，父亲带她去看牙，回到家，她发现家里多了本小人书，她翻看了一会儿便问妈妈："这小人书挺好看的，哪来的？"甄淑芬诧异地说："不是爸爸给你买的吗？他说你牙疼。"其实他是在等女儿治疗的时候，用这本小人书打发时间的。想着四十多岁的父亲站在书摊边上津津有味地翻看小人书的情景，刘芳忍俊不禁——父亲就是这样，童心未泯，会给自己找乐趣。

刘连元给人的印象一直是个非常和善的人，但有一次他发了很大的火。那是女儿上高一的时候得了心肌炎，医院安排了一位主治医生，当时心内科有位熟悉的大夫问他需不需要换一位医生，刘连元说不必了，就按医院的安排吧。谁曾想那位主治医生比较粗心，看化验结果时，把血沉的指标少看了一个小数点，将病毒性心肌炎误诊为风湿性心肌炎，按照风湿性心肌炎的治疗方法用了激素，孩子一下子被催得好胖，整个人都变了。一个多月以后，烧是退了，但身体特别虚弱，医生还说病好了就让出院。

刘芳刚到学校上学，老师就给刘连元打电话，说孩子太虚弱了，还得带她去医院检查。结果第二次到医院一拍片子，医生发现孩子的心脏已经扩大了百分之二十，就倒查是怎么回事，这才发现原先的医生把一张化验单看错了，整个治疗方向就错了。

这一次刘连元很生气，但他生气也不会冲人家大喊大叫，唯一表示愤怒的举动就是坚决不让前面那位主治医生进女儿的病房，这就是他保护女儿的一种态度，医院赶紧换了一位主治医生。后来院方出面跟他道歉，问他需不需要赔偿，刘连元放弃了追究，说对方是位年轻医生，如果这次受到处理了，对他的前途影响很大，还是要给年轻人机会。

女儿身体受到如此重的伤害，他很愤怒，但他又很善良，就是在这么愤怒的情况下，他还想着给年轻人一次机会。

因为心肌炎治疗，前后有半年的时间没上学，刘芳所在的十二中又是市重点中学，竞争非常激烈，老师建议她休学。但刘芳一直是班里前五名，自尊心很强，还想跟着同学们继续上高二，可开学一考试，数学只得了十几分！因为整个高一下学期她几乎都在住院，缺课太多，所以大部分题都不会。

看到这种情况，刘连元也没逼着孩子再上一年高一，而是和老师商量，让她试试。这样，刘连元一到周末就帮女儿补课，他很耐心，一点一点地教，反复琢磨怎么讲女儿能听得懂。听他上课，刘芳总是很快就能明白。没过多久，刘芳的成绩又恢复到了班里前几名，老师都很惊讶。等刘芳上大学以后才发现，原来父亲当初是用高等数学的方法给自己讲高中的数学。

刘连元什么事情都不会替孩子做主，而是想方设法支持孩子去做自己想做的事情，即使他认为孩子的决定不对，也不会逼着孩子改变，而是用孩子能接受的方式去引导。

女儿高考时很想考军校，刘连元夫妻俩觉得她体质弱，可能承受不了军校的严格训练，但他们并没有直接反对，而是找到学校年级主任，请年级主任帮女儿分析这个问题，等女儿有了思想准备以后，刘连元才直接跟她商量报志愿的问题。

经过老师和父母的分析讨论，刘芳接受了不考军校的想法。接着，她又特别想考医学专业。刘连元认为有个强壮的身体是做一个好医生的前提，他还是觉得女儿的身体受不了医学的重负，又让做医生的二姨给她打电话。二姨说："外科大夫一台手术一站就是几个小时，你身体吃得消吗？不管做哪个科室的医生，都得值夜班，这种三班倒的生活，你身体受得了吗？医学在不断进步，要做一名好医生，你就得一辈子不断地学习，要学医，你得提前有心理准备。"

二姨和刘芳谈完以后，刘连元才正式给孩子提出自己的建议。他希望女儿学外语，认为这不会特别累，孩子的身体受得了。考虑到刘芳喜欢理科，他进一步建议说："现在有科技英语专业，挺有意思，虽是语言学科，但它跟理科还沾边，也不会完全脱离你的兴趣。"

接着刘连元又用自己的工作举例子，说："如果你选择学理科专业，工作以后就会像爸爸妈妈一样，要不断地去学习才能跟得上科技的进步。"他说："你看我原来不懂计算机，后来逼着自己学习，现在才能用计算机编程。如果你很健康，想学任何专业我都一定支持，但你身体这个样子（刘芳的心肌炎当时没有完全治愈），我不得不考虑你身体的恢复问题。"

女儿长大以后回想起这些，特别感激父亲，觉得父亲特别有责任、有担当，充分为孩子着想，还能用孩子能接受的方式劝导。因此，在孩子的记忆中，他们从来没有跟父亲发生过冲突。

女儿自己做母亲以后，希望自己做家长也能像父亲那样，从来不说教，对孩子都是引导。刘连元从来没有告诫孩子“你要好好学习，上课要听讲”之类的话，和孩子沟通都是先听，然后给一些建议。比如孩子回家不高兴了，就会问：“今天为什么不高兴啦？”然后就听孩子说。所以，一直以来，女儿有事总喜欢找爸爸谈。

刘芳毕业以后竞聘到北京理工大学任教，有时遇到不顺心的事儿，回家就会跟父亲聊一会儿，然后心情就会变好。因为，作父亲的他不会跟着孩子一起抱怨，也不会说孩子什么地方做错了，而是耐心地听女儿把事情说完，然后提一点建议：“要不你去找找你们系主任，跟他沟通一下你的想法。”或者“你再去问问那些老教师们，他们以前碰到这种事情会怎么办。”每当这种时候，不管女儿唠叨多长时间，他都会一直听她说完。刘芳把事情说完之后，自己已经不那么烦恼了，父亲再提点建议，她就会感觉心里很放松。

刘连元（中）在儿子（右）和女儿（左）的陪伴下外出旅游

刘剑锋和刘芳都是孝顺儿女，虽然两人工作都很忙，但总会抽时间多陪伴父母，带他们出去旅游，或者休息日回父母家过，让他们感受到天伦之乐。

近几年，儿子刘剑锋经常和父亲谈起未来，他很希望父亲能退休，告别工作，颐养天年。刘连元却说，自己身体还行，还可以再干几年。他知道一些人因为太投入，在工作岗位上积劳成疾，亲朋好友也用这样的例子来劝他。但他太热爱自己的工作，认为能够从事自己喜爱的工作，即使辛苦一点，心里也是快乐的。

### 4. 天伦之乐祖孙情

儿子、女儿先后成家，刘连元也过了花甲之年，老人们一般在这个时候都希望儿孙绕膝，尽享天伦之乐，刘连元也不例外。但孩子的想法却和长辈不一样，看女儿没有马上要孩子的意思，他也不在孩子面前说什么，只是静观其变。过了五六年，看看还没什么动静，他便有一搭没一搭地在女儿、女婿面前说“是不是该要个孩子啦？”这样说了两三年，年轻人一直也没准备要孩子，他就不说了。他觉得孩子有自己的想法，也不强求。

2007 年，外孙刘泽宇出生了，刘连元夫妇别提有多高兴了，一到休息日就往女儿家跑。女儿雇了保姆，但保姆到双休日就休息。有时刘连元星期六要开会，星期天他也一定会去女儿家，说是去跟外孙玩儿，实际上是帮女儿带孩子，好让小夫妻轻松一些，但他从来不说我来帮你们带孩子。女儿见他就一天时间还要往返几十公里，太辛苦，便让他别来了，他却总说：“小宝贝儿多好玩儿呀，跟他玩一会儿很开心呢！”

在孩子面前，刘连元从来不会邀功，只会默默地付出，只要孩子需要，他就会马上出现。女儿夫妇俩准备买房子，只说了一句拿不定主意，刘连元就一

刘连元夫妇和女儿一家合影

双休日享受天伦之乐

直陪他们去看房子，因为年轻人认为他在这方面比较懂行，对他有些依赖。那段时间，一到双休日，他就陪女儿、女婿到处转着看房子，六十多岁的人跟年轻人一样，四处奔波，从不说累，只会细心地看，耐心地跟孩子讨论这房子哪点好、哪点不好，对孩子说要是钱不够，我们会支持。

而刘连元夫妇自己的事却从来不愿麻烦孩子。他们六十多岁的时候，单位分了新房，装修、买家具等事情都是老夫妻自己干，不想让正当壮年的孩子们插手。他们觉得孩子们也忙，正是上有老下有小的中年时期，工作压力大，生活压力也大，自己身体还行，不想给孩子添麻烦。孩子们说要去帮忙，刘连元就说："逛家具城挺有意思的，我们自己选择挺好。"他这么说，其实是不想让儿女有愧疚感。他就是这样，大事小情总是站在对方的角度考虑问题，让人心里特别舒服。而在父母言传身教的影响下，刘剑锋和刘芳兄妹俩都很孝顺，在此期间总是下了班就往南苑跑，去看看父母的房子装修得怎么样了，看到还缺什么，就会主动去买。

后来外孙大一点了，双休日刘芳经常带孩子回父母家。外孙小宇特别喜欢姥爷，一到家就找他，找不到马上就问："姥爷去哪儿了？姥爷什么时候回来？"因为姥爷只要回来，第一时间就跟他玩儿。小宇之所以喜欢姥爷，也是因为姥爷只是跟他玩儿，从来不跟他讲道理，不说你应该怎样，你不能怎样之类的话。如果有危险，刘连元也不会说你不能在这儿，而是说咱们换个地方玩

刘连元夫妇与女儿一家合影

儿好不好。跟外孙在一起，刘连元从来没有居高临下的姿态，而是以平等的态度，用孩子容易接受的方式和他沟通。

有时刘连元回来后感到很累，小宇找他玩儿时，他也不生硬地拒绝，而是跟孩子说："我躺五分钟。"他真的就躺五分钟，小宇总会追问"五分钟到了吗？"时间一到，刘连元马上就起来跟他玩儿。孩子跑，他也跟着跑，跑累了，他也不会马上停下，怕扫孩子的兴，而是建议"咱们走走吧"，或者用讲故事来转移孩子的兴趣。

小宇喜欢自己做一些玩具。他玩过军棋，就自己用纸片做军棋，说这是自己的部队。他不会写字，就让姥爷帮他写，还让姥爷也做自己的部队。姥爷就做，还会做得跟他不一样，说"我这是导弹部队，比你的厉害。"然后两人就开始作战，还设计出各种场景，我这个是骑兵连，我这个是骑兵师，我的比你的厉害。刘连元能完全融入到孩子的世界里，并乐在其中。

小宇学会了系绳子，就把沙发和电视柜用绳子盘来盘去缠成一张大网，说这是我的阵地。大人都烦他把客厅挡住了，不好走路。但刘连元一点不烦，还说这真好玩儿。小宇在绳子底下爬，他就从上面跨过去。其实那绳子系得很高很宽，七十多岁的人了，他好不容易才能跨过去，但他就是这样不厌其烦地跟孩子玩儿。

刘连元全家去南海子公园玩，小宇要玩儿捉迷藏，大人问他跟谁一拨儿，他永远要跟姥爷一拨儿。他带着姥爷专走不好走的路，专找不好找的犄角旮旯藏。姥爷也不烦，跟着他到处钻。姥爷永远是他的第一玩伴。

孙子刘祖岩才三岁，也特别喜欢爷爷。一次，大人们围着他逗乐，问“谁是你最好的朋友”，孩子不假思索地回答：“爷爷是我最好的朋友。”连问几遍，孩子的答案都是“爷爷是我最好的朋友”。过了几天再问，答案依然不变。其实孙子平时主要由姥姥、姥爷帮着带，爷孙俩见面很少，刘连元只是休息日不开会时，偶尔进城去看看他，刘剑锋担心父亲岁数大了，天黑开车不安全，总是在孩子午睡后或晚饭前就催着父亲走，孙子能这么喜欢爷爷，简直成了家里的奇谈。

刘连元不厌其烦地陪孙辈儿们玩耍，而他自己有时候也像一个孩童一样“好

刘连元夫妇与儿子一家合影

刘连元夫妇与孙子在一起

祖孙悄悄话

玩”。小宇得了个变形金刚的玩具，需要自己组装，小宇自己捣鼓了一阵儿，装不上，找爸爸妈妈帮忙，刘芳夫妇俩试了一下，也装不上，就放到一边去了。小宇又找姥爷帮忙，刘连元拿着那堆零件非常感兴趣，一直在茶几上摆弄，琢磨着怎么把它装上。夜深了，全家人都睡觉了，他还在那儿琢磨，直到把它装上。能对一个儿童玩具如此感兴趣，恐怕不仅仅因为他有一颗童心，还在于他就很有钻研精神，对什么问题都感兴趣，钻得很深。

刘连元还是个非常包容的人，常言道“隔代亲”，老年人在教育孙辈儿的问题上，往往容易跟儿女们闹意见，他在教育第三代的问题上，从不会跟子女发生冲突。小宇跟着母亲去美国生活了一年，他不会汉语拼音，一年级学拼音的时候总是用英语的拼法来拼，经常拼错，女儿辅导的时候有点急躁，大声埋怨："你怎么还没明白呢？"刘连元过来问了一句，女儿担心父亲的加入会让孩子误以为有了靠山，就大声对父亲说："我正教他呢，您别插进来。"刘连元便不说话了。等小宇学习结束后，出去玩儿的时候，刘连元才对女儿说："你说话慢一点，孩子没懂，你再讲讲，他就懂了。"

刘连元虽然不会越过孩子的父母去教育第三代，但看到女儿有不合适的地方，也会委婉地指出来。有时候到了吃饭时间，小宇正在组装玩具，孩子想把它组装完了再吃饭，女儿便依了他。这种时候，刘连元不会当着孩子的面说女儿不对，也不会马上对小宇说，你现在应该来吃饭，而是等小宇不在的时候，他才对女儿说："有时候你不能太惯着孩子，得让他知道什么时候该干什么。"

小宇贪玩儿，总是要玩儿到很累了才去睡觉，有时玩儿着玩儿着就睡着了。刘连元也会对女儿说："你得让孩子学会睡觉，什么时候该睡觉了就睡觉，不然以后到上学的时候，孩子该受罪了。"但孩子玩儿的时候，他也陪着孩子玩儿，不会强迫他去睡觉。他认为教育孩子应该是家长的责任，他只会提醒，不会替儿女去教育孩子。

刘连元从不对孩子说教。刘芳做了家长以后，也希望自己能像父亲那样对待孩子，但她发现作为家长，很难做到不说教。看儿子歪在桌前写字，她马上就会唠叨："你要坐正，坐直了。"但在她的记忆中，父亲从来没对她说过类似的话。这可能就是孩子们都比较接受他、喜欢他的原因吧。

# 刘连元

刘连元院士传记

Academician Liu Lianyuan's Biography

# 第十三章

# 鞠躬尽瘁 奉献精神感人心

刘连元不知疲倦地耕耘着，终因积劳成疾，倒在了工作岗位上。他“不求名利、无私奉献、勇于创新、刻苦攻关、严谨细致、精益求精”的精神，将永垂史册。

### 1. 春蚕到死丝方尽

2011年11月，刘连元当选中国工程院院士，他一如既往地带领研究团队进行航天高科技领域的探索，孜孜不倦地描绘着防热专业和航天未来发展的宏伟画卷。在三年的院士生涯中，他始终忙忙碌碌，总有开不完的会，出不完的差，看不完的材料。身处热防护技术领域的制高点，他是业界的技术权威，行业内的人都觉得，碰到技术问题，有刘院士坐镇，心里就踏实了。因此，请他咨询的、做评审组长的、担任把关专家的单位越来越多，常常是上午在集团公司开会，下午回一院讨论，晚上坐飞机去外地，七十多岁的人，还坚持这么连轴转。

他事必躬亲，只要是他负责的工作，所有的会议他都参加，从不以院士自居，事后听别人汇报了事。因此，他对工作把握得很准，事无巨细、了如指掌。研发平台二期正式对中咨公司汇报时，团队成员都很紧张，因为这是决定这个项目能否获得国防科工局立项的关键时刻。听说汇报时刘院士要发言，大家才安心了，感觉有他坐镇才有底气。结果团队汇报之后，刘连元做了半个小时的补充发言。他的发言得到与会专家和国防科工局领导的一致好评，有人说“刘院士把这个问题说得特别清楚，特别明白。”有人说“听刘院士一席话，我们就明白了研究所干这件事的重要意义。”正因为亲力亲为，在这项工作推进过程中，他起到了关键作用。

当选院士后的三年中，刘连元时时刻刻想的都是自己肩上的担子更重了、责任更大了，要不遗余力地为航天事业干些实事，解决实际问题。因此，他整天忙忙碌碌，不辞辛苦，脑子里想的全是工作的事情。人家出去开会，只准备开会的内容，他却总会多想一点：这个议题对航天技术未来发展还有什么帮助，今天参加会议的专家、学者有谁对这个想法可能感兴趣，会后可以和他沟通一下。去外单位出差，了解到别人的技术和工艺，他总会琢磨，能不能把它利用到热防护专业技术上。总之，他每时每刻心里都有一根弦：再入飞行器技术未来的路怎么走。

有时候，身边的年轻人见他每天要看一大摞技术报告，太累了，劝他差不多就行了，这种会议对他来说只是小菜一碟，临时想想便能应付。他却认真地说：“人家请你参会，是希望你能帮忙发现问题、解决问题，不提前了解情况，消化材料，只带个脑袋去怎么行？那不成了瞎指挥！”进了会议室，他便心无旁骛，无论时间多长，都从头至尾专心致志地听报告，参与讨论，连去卫生间都顾不上。时间长了，大家便经常看到，会议结束、解答完与会者的问题后，他一路小跑直奔卫生间的场景，既让人忍俊不禁，更令人于心不忍。

2014 年 11 月 13 日，星期四，APEC 会议假期结束后的第一个工作日，上午，他原本约好了传记作者要接受采访的，结果一早就有研究室设计员临时找他解决问题，他便让作者先忙别的，等他电话通知。但是，一个上午他都没腾出空儿来，这人刚走，那人又来；和这个项目的人讨论完了，又和那个团队成员研究未来规划。直至中午 12 点，他也没抽出时间与作者见上一面。下午，他又必须去外单位协商工作，匆忙吃了几口饭，便随车进城去了。

第二天，上午参加了航天科工集团的技术会议，下午又赶赴北京理工大学。第三天，参加完国防科工局的会议，又回一院主持技术研讨会。

就这样，一连三天，开完一个会又赶往另一个会场，处理完这个问题，又处理那个问题，一刻也不得闲。每天晚上十点拖着疲惫的身子回家，老伴儿见他太累，便劝他休息一下，他总是说“忙过这阵子再说吧”。第二天早上7点，又精神抖擞地出发了。

11月17日，星期一，深秋的北京，是最美的时节，阳光灿烂明媚，天空碧蓝如洗。这天早晨，带着老伴儿“休息休息”的牵挂和叮嘱，刘连元像往常一样，拎着公文包步行去上班。路上，碰到所里的老同事、年轻人，他还有说有笑地跟他们打招呼，拉几句家常，或者问一下工作进展。如果没有意外，这便是他一生中无数个平常早晨中的一个。然而，谁也不曾料到，意外会突然降临。

这天上午，研究所临时安排了一个与再入飞行器未来发展有关的专项工作研讨。因为紧急，8点半刘连元刚到办公室落座，所领导便推门进来与他商量，请他参会。但是，刘连元9点还要去院里参加一场重要会议，只和领导简单交谈了几分钟，并允诺等他开完院里的会，再回来仔细研读项目材料。

8点50分左右，所办秘书去给他发学习资料，发现本应去院里开会的他却还坐在办公桌前，把头靠在椅背上，眼睛微闭，像在沉思。秘书连忙走上前去，轻声提醒道:“刘总，您该去开会了。”他没有反应。秘书碰碰他的胳膊又说了一声，他仍然没有反应。秘书顿觉情况不对，立刻拨打 120 急救电话，同时大声呼救。顿时，整个四楼办公区的所领导、型号两总和工作人员蜂拥而至，大家分头行动，有的给院士喂硝酸甘油，有的打电话联系航天总医院，请求安排救护车并准备急救措施……

很快，医院的救护车就到了，随车医生马上就地给刘连元做心肺复苏，医生的力气用尽了，又让身边的小伙子帮忙按压胸部。周围静得出奇，只有医生急促的数数声敲打着每个人的心房，所有人的心都提到了嗓子眼儿，大家都急切地盼望着能听见他的声音，能看见他睁开眼睛。可是，他依然静静地躺在那里。于是，医生决定立刻送医院急救室抢救。

急救室内，医院调配了十多位专家，想尽一切办法全力抢救；急救室外挤满了人，所领导来了，老同事来了，研究所的年轻人来了；老伴儿来了，孩子来了，亲朋好友也来了。大家焦急地等待，虔诚地祈祷，热切地盼望他能转危为安。

然而，谁也想不到，9 点 57 分，经全力抢救，医生们还是无力回天，不得不沉痛宣告：他的生命走到了终点！

“这不可能！不可能！”在场的每一个人都不相信他的离去，亲朋好友们痛哭失声，撕心裂肺。

刘连元逝世的消息传回研究所，全体员工震惊了——“早上他还笑咪咪地跟我打招呼呢！”大家都不相信，精力这么旺盛，从来不知疲倦的一个人，怎么会突然离开了这个世界呢?

继而，所有熟悉与不熟悉他的人，都表达了深深的哀思与不舍，人们见了面都不敢谈论这事，一说就是泪，一院内网论坛上寄托哀思的帖子延续了一页又一页……

同事们不敢相信，不久前还和他一起出差，上周还在一起开会，就在这天早上还在上班的路上遇见他，他依然和蔼可亲地微笑着和大家打招呼，怎么突然就倒下了？不敢相信，不忍相信，不愿相信，也不想去相信。这么孜孜不倦的一个人，这么精益求精的一个人，这么豁达开朗的一个人，这么热爱生活的一个人，就这么突然地离去了！研究所职工一度不敢相信消息的准确性，一度不愿承认事情的真实性，谁也不愿说起，谁也不忍议论，大家都盼望着这不是真的，盼望着有一个权威发布来否定这个噩耗。

所刊《鸣镝》杂志投稿系统中，一篇又一篇饱含深情的祭文催人泪下……

有人说“和院士一起的回忆，烙在心里，他教给我们的不仅仅是专业技术，更是他对航天的热爱、他的品格、他的热情、他的乐观、他的科研态度和他做人的胸怀。如今他的学生已经肩负大任，他的队伍也已经引领专业发展，而他，我们最亲爱的师长，却倒在了工作岗位上，鞠躬尽瘁，和我们天人相隔……”

有人这样写道：“想起最后一次见到刘院士的场景，心里好痛。那天的刘院士虽然难掩一脸的疲惫，但好在精神还不错，我们要他注意身体，多休息，他笑着表示，‘好的，等这一阵子手头的工作忙完了，再看看工作安排，休息两天。’临走时，刘院士亲切地拍着我们的肩膀，相约下次好好聊一聊大功率燃气流试验系统项目建设的技术问题，可不曾想，这一次见面就成了追忆，这一次相约就成了永恒。”

女儿刘芳一篇《爸爸是我的一片天》在微信朋友圈迅速传开。

“从小到大，爸爸一直是我的一片天。不是因为他在学术上取得的傲人成就，而是因为他一直是这个世界上最疼爱我的人。

“爸爸总是乐呵呵的，善良平和，对家人永远充满慈爱。身为航天专家、工程院院士的他总是很忙很忙，似乎永远有开不完的会议，参加不完的评审，但是回到家里，他是那个女儿永远可以撒娇、可以依靠的无原则老爸，是那个会和小宇自制打仗纸牌、练习齐步走的快乐姥爷，是小宇最喜欢的玩伴。爸爸的手很大、很热，直到今天，爸爸走在街上都会拉着我的手。爸爸的肩很宽、很厚，靠在上面永远是那么温暖、踏实。爸爸在我的人生道路上，用他的言行使我懂得做人要宽厚、乐观，做事要认真、执着。聊起老爸，我最骄傲的一句话是：你看到我，就看到我爸了，我和我爸很像。虽然我知道自己和爸爸还相差很远很远，但是我一直努力向他靠近。

“2014 年 11 月 17 日上午 9 点 57 分，我的天塌了，世界瞬间一片黑暗。”

刘连元的学生听到噩耗，从基地赶回北京，甄淑芬看到眼前一个个丈夫当年精心培养的年轻人，忍着悲痛勉励大家：“你们把工作做好了，航天事业发展了，就是对他最好的怀念。”听了这话，学生们百感交集，这是怎样的航天人的妻子，即使在痛失亲人的时候，心里还想着航天事业！大家都惋惜，刘院士走得太早了，正是可以为航天事业发挥更大作用的时候走了！大家都叹息，刘院士走得太匆忙了，都没能为自己对研究所制定的规划蓝图留下最后一瞥！在痛心、难过之余，大家只有沿着院士没有走完的路继续前行，用努力工作来缅怀老前辈。

刘连元逝世后，习近平、李克强、张德江、刘云山、张高丽等党和国家领导人，分别委托中共中央办公厅、国务院办公厅秘书局、中共中央组织部办公厅打来电话，中国工程院和刘院士的母校中国科学技术大学等单位纷纷发来唁电，对刘连元同志的逝世表示悼念，对家属表示慰问。

2014 年 11 月 21 日上午，刘连元遗体告别仪式在北京八宝山革命公墓举行。现场庄重肃穆，前来送别的人们满怀悲痛，许多人忍不住失声痛哭。那一声声呼唤，怎能叫回昔日慈祥的父亲、体贴的丈夫；那一声声痛哭，怎能挽回亲近的师长、和蔼的长者。横幅上，“事业导师，人生楷模！”道出了人们的心声，“治学严谨，献身航天！”书写了刘连元平凡而光辉的一生。

### 2. 留取丹心励后人

刘连元从一个穷苦孩子成长为中国工程院院士，历任型号主任设计师、副总设计师，参与、主持过几个型号再入飞行器的研制，为我国提高国防实力、保持大国地位做出了突出贡献。他长期从事再入飞行器热防护技术研究，在这一领域有很深的技术造诣，业内许多单位在遇到疑难问题时都会征求他的意见，型号工作的领导们也有同感：只要刘连元在，对再入飞行器的热防护问题他们就放心。多年的辛勤耕耘，使他成为我国高超声速再入飞行器总体、气动热力学和热防护领域的学术带头人之一。几十年来，他为我国国防重点工程技术突破做出了重大贡献，多次立功，先后获得国家科学技术进步奖特等奖、国家发明奖四等奖、国防重大科研成果一等奖等诸多荣誉，1993 年起享受国务院政府特殊津贴，1998 年被评为中国航天工业总公司有突出贡献专家，并获得 1998—1999 年度中国航天科技集团公司颁发的“航天奖”。

在荣誉面前，刘连元从不沾沾自喜，他始终认为，自己只是航天大军中的

荣誉证书

授予 刘连元 同志 1998、1999 年度航天奖，特发此证，以资鼓励。

二〇〇〇年十月

刘连元获得的航天奖荣誉证书

普通一员，航天事业是系统工程，这些成绩的取得是团队成员共同努力的结果。20 世纪 70 年代末，远程再入飞行器防热设计工作成绩突出，上级要给予奖励。在写评审材料时，作为主要设计者，刘连元却将因病已很长时间没参与研制工作的原防热组组长排在自己前面。刘连元也没说，直到十多年后，该组长查历史资料才发现，感慨地说：“我当时已经病了，实际上计算设计、地面试验都是他在做。其实他才是主要设计者。他真是谦虚、不斤斤计较，是个淡泊名利的人啊！”

20 世纪 90 年代，刘连元带领团队进行远程再入飞行器预研工作，经过几年攻关，主要技术已经解决，证明再入飞行器设计方案是可行的。于是，组织上决定把这一预研成果转到型号设计上，由刘连元担任这个型号的副总设计师。此时，预研队伍着手总结，开始申报成果。作为这个项目的主持者，刘连元考虑到当时参与预研的人很多，还有其他骨干，便主动把自己的名字撤了下来。当时，上级机关有人吃惊地问：为什么名单里没有既带队伍又是技术骨干的刘连元？型号总指挥还特意问他，为什么要放弃？他只是轻描淡写地说：“我还有机会，成果先给他们。”近 20 年后，他的这句话，型号总指挥依然记得很清晰。

身为航天人，刘连元始终牢记自己的使命，为航天强国、强军，为推进国防现代化进程矢志创新，不敢懈怠。年轻时，他舍小家为大家，和老一辈航天人一起，在风沙遍地、寒风凛冽的沙漠戈壁执行试验任务；中年时，他刻苦钻研，勇于拼搏，学习新知识，研究新方法，攻克了一个又一个技术难关；当他两鬓染霜、步入老年时，在别人含饴弄孙、颐养天年的年龄，他依然奋战在航天战线上，为航天事业未来发展呕心沥血。

当选院士以后，刘连元的工作更多了，任务更重了。2012 年，他当选为中国复合材料学会第六届理事会常务理事，并担任副理事长。学会的各项工作，或是审查技术报告，或是主持研讨会议，他都本着严谨细致的工作作风，提前仔细阅读材料，提出意见建议。在主持学术讨论时，他充分发扬技术民主，认真听取各方意见，包括不同意见，力求准确把握研究方向。他认为，有时自己不清楚的问题，把握不准的地方，不一定别人也不清楚，要不耻下问，向某些方面比自己强的人学习。

在刘连元的带领下，研究所在基础设施建设方面上了几个大项目，为再入飞行器技术的未来发展提供了坚实的保障。他和他的研究团队承揽了几项重要课题，在他的主持下取得了阶段性成果，为未来再入飞行器技术的发展及再入飞行器工程的应用奠定了良好的基础。一院十分重视发挥他在热防护领域的作用，以他为技术带头人，成立了某技术中心，研究所成立了刘连元院士工作室，引领防隔热与热控技术专业的发展。

刘连元院士工作室成立以来，利用研究所自身传统的优势资源，针对飞行器热防护系统相关的基础性、前瞻性和共性的技术问题，着力开展了气动热环境预测、防隔热及热控、热结构试验考核等专业技术领域研究并取得突破。

刘连元院士工作室促进了相关技术领域基础理论研究、关键技术攻关及应用技术研究的开展，推动了技术创新及技术成果转化，促进了产品创新，为建设技术创新团队、促进人才队伍培养、提升核心竞争力作出了突出贡献，并以它为依托支撑一院某技术中心的相关工作。

刘连元还一直不遗余力地推动再入飞行器专业成立相关专业组，与协作单位联合申请国防科技重点实验室，在再入飞行器核心专业领域持续推进前沿基础研究机构的建设。他在工作上煞费苦心，确立了与未来技术发展高端紧密相关的知识网络，和著名院校、研究机构的院士团队建立了工作协作关系，这一切都是在为航天事业、为再入飞行器技术的未来发展谋划长远布局。

由于工作性质特殊，不能进行公开宣传，刘连元所取得的许多成就无法在这里一一展示，他生命中的无数个精彩瞬间，只能蕴藏在身边人的记忆之中。几十年来，他像许多航天前辈一样，取得了卓越成就，作出了突出贡献，但这些成就和贡献只能尘封在保密室里，在他们的生命中，没有鲜花，没有掌声，只有默默耕耘，无私奉献。

刘连元对航天事业投入了满腔热情，回顾自己走过的路，他曾经满怀深情地对身边的年轻人说："能够毕生从事自己喜欢的航天事业，我无怨无悔。"他就是这样，视名利如过眼烟云，对事业总鞠躬尽瘁。

刘连元学风严谨，勇于逆水行舟，勇攀科技高峰；他严于律己，宽以待人，在科技人员中享有很高威望。对工作，他一丝不苟，在担任型号副总设计师后，对于型号产品中关键部件的设计图纸他仍要亲自审查，对关键工艺进行实地考察和指导，做到心中有数；对技术，他勇于创新，不畏风险，无论多困难的任务，他都顶着压力往前冲；对同事和学生，他平易近人，关心备至，在他带领的团队里，他总能成为当然的核心，凝聚所有人的力量攻坚克难。他“不求名利、无私奉献、勇于创新、刻苦攻关、严谨细致、精益求精”的精神，将永远激励着航天后人奋勇前行。

刘连元将自己的青春和毕生心血全都奉献给了我国的航天事业，在国防现代化进程中谱写了一个又一个华彩篇章。在生命的终点，他却这样静悄悄地走了，没有给亲人、朋友留下一句话语，甚至没有给大家提供告别的机会。他悄悄地走了，带走的是自己对钟爱事业无尽的眷恋，带不走的是人们对他深深的思念和满满的敬意……

# 刘连元大事年表

1941 年
9 月 2 日，出生于河北省大兴县黄村镇西黄村。

1948 年　7 岁
8 月，就读于河北省大兴县黄村镇西黄村小学。

1952 年　11 岁
9 月，就读于河北省大兴县黄村镇前高米店高小。

1954 年　13 岁
9 月，考入河北省大兴县第二初级中学。

1957 年　16 岁
9 月，考入河北省直属中学冀中四中（后更名为定县一中）。

1960 年　19 岁
9 月，考入中国科学技术大学。

1965 年　24 岁
8 月，进入第七机械工业部一院北京宇航系统工程研究所工作。

1971 年　30 岁
2 月，第七机械工业部一院北京航天长征飞行器研究所成立，刘连元调入该所工作。

1978 年　37 岁
8 月，担任第七机械工业部一院北京航天长征飞行器研究所总体室工程组副组长，工程师。

1981 年　40 岁

9 月，加入中国共产党。

1982 年　41 岁

4 月，第七机械工业部更名为航天工业部，刘连元担任航天工业部一院北京航天长征飞行器研究所总体室工程组副组长，工程师。

1984 年　43 岁

1 月，航天工业部一院北京航天长征飞行器研究所防热室成立，刘连元担任首任室主任。

10 月，荣立航天工业部一等功。

1986 年　45 岁

8 月，担任航天工业部一院北京航天长征飞行器研究所防热室主任，高级工程师。

1988 年　47 岁

7 月，航天工业部与航空工业部合并，成立航空航天工业部。刘连元担任航空航天工业部一院北京航天长征飞行器研究所防热室主任。

1992 年　51 岁

8 月，担任航空航天工业部一院北京航天长征飞行器研究所防热室主任，研究员。

1993 年　52 岁

6 月，航空航天工业部撤销，成立中国航天工业总公司。刘连元担任中国航天工业总公司一院北京航天长征飞行器研究所防热室主任。

10 月，享受国务院政府特殊津贴。

1996 年　55 岁

8 月，担任中国航天工业总公司一院北京航天长征飞行器研究所型号副总设计师。

1998 年　57 岁

12 月，被授予中青年有突出贡献专家，并被评聘为博士生导师。

1999 年　58 岁

7 月，中国航天工业总公司组建为中国航天科技集团公司和中国航天机电集团公司，刘连元担任中国航天科技集团公司一院北京航天长征飞行器研究所型号副总设计师。

11 月，担任总装备部国家重大基础研究专家组专家。

2000 年　59 岁

5 月，担任国防科技重点实验室学术委员会委员。

2001 年　60 岁

11 月，荣立国防科学技术工业委员会二等功。

2003 年　62 岁

12 月，荣立国防科学技术工业委员会一等功。

2005 年　64 岁

1 月，荣获国家科学技术进步奖特等奖。

12 月，荣立国防科学技术工业委员会一等功。

2008 年　67 岁

7 月，担任中国航天科技集团公司第一研究院工艺专家组顾问。

12 月，担任中国空气动力学学会理事会常务理事。

2009 年　68 岁

9 月，荣获国家科学技术进步奖一等奖。

12 月，担任国家重大专项工程专家组专家。

2011 年　70 岁

11 月，当选中国工程院院士。

2012 年　71 岁

12 月，担任中国复合材料学会理事会副理事长。

2013 年　72 岁

2 月，担任中国航天科技集团公司第一研究院科技委顾问。

2014 年　73 岁

11 月 17 日上午 9 点 57 分，在北京逝世，享年 73 岁。

# 参考文献

[1] 刘纪原 . 中国航天事业发展的哲学思想 [M]. 北京：北京大学出版社，2013.

[2] 天泉，何建明 . 天歌——走近中国火箭的摇篮 [M]. 北京：中国宇航出版社，2008.

[3]《庄逢甘院士纪念文集》编委会 . 庄逢甘院士纪念文集 [M]. 北京：中国宇航出版社，2011.

[4] 中国航天科技集团公司，中国航天科工集团公司 . 飞越苍穹——中国航天 50 年 [M]. 杭州：浙江科学技术出版社，2006.

[5] 朱清时 . 中国科学技术大学编年史稿 [M]. 合肥：中国科学技术大学出版社，2008.

# 后 记

本书以刘连元院士出生、成长历程，以及他在航天领域工作的主要经历为主线，展现了刘连元院士对航天事业的重要贡献，勇于创新、勇担责任的钻研精神，以及他献身航天、无私奉献的高尚品质。

在本书编写过程中，注重实事求是，不虚构、不夸张。通过记录刘连元院士的个人经历，展现了航天人不怕困难、勇于拼搏的创业精神，从一个侧面反映了中国航天事业的发展历程。中国航天事业的宝贵精神只有在具体实践中才能引起大众的共鸣，而院士的一生就是对航天精神和航天文化的具体诠释。

本书编写工作得到了刘连元院士及其家属的大力支持，提供了丰富的素材和大量照片。刘连元院士的领导、同事和朋友40多人接受作者采访，他们（排名不分先后）是：包为民、鲁宇、毕作滨、牟晨阳、孟刚、杨洁、宋友光、王国雄、李建林、朴忠杰、蒲力戈、胡炜、安复兴、曾庆湘、何永辉、周岩、杨红亮、邓晖、唐林卡、彭杰、邹祥辉、刘小平、吴东升、黄杰、冯志海、黄晨阳、陈建军、陈旸、曹炎淦、杨同惠、黄品秋、张世忠、丁碧珠、兰镜辉、王金荣、孙洪森、徐田华、陈力农、缪广林、邓刚、杨凯威、李建京、张俊武、田宁等同志。航天一院科技委和北京航天长征飞行器研究所各级领导和管理部门给予了许多指导和帮助，王健、宋扬东、谢雷、张利嵩、杨驰、陆志强、李辉、许燕、岳苗、李栋、冯杰等同志为传记的修改提出了宝贵意见，陈政伟、张昕、李文华、刘微等同志为资料搜集付出了辛勤劳动。在此一并向他们表示衷心的感谢。

遗憾的是，由于刘连元院士工作的特殊性，他的许多事迹和重要成就不能进行公开宣传，因此，本书所展示的只是他的部分成就和贡献。

因时间仓促，不足之处，敬请读者批评指正。

《刘连元院士传记》编审委员会

2018 年 8 月